教育部人文社会科学研究项目"民族村镇广播电视公共服务体系研究"（12YJA860003）结题成果

民族村镇广播电视
公共服务体系研究

顾雪松 等著

中国社会科学出版社

图书在版编目（CIP）数据

民族村镇广播电视公共服务体系研究／顾雪松等著 . —北京：中国社会
科学出版社，2024.5
ISBN 978 - 7 - 5227 - 2861 - 2

Ⅰ.①民…　Ⅱ.①顾…　Ⅲ.①民族地区—乡镇—广播工作—社会
服务—研究—中国②民族地区—乡镇—电视工作—社会服务—
研究—中国　Ⅳ.①G229.27

中国国家版本馆 CIP 数据核字（2023）第 242840 号

出 版 人	赵剑英
责任编辑	孙　萍
责任校对	赵雪姣
责任印制	王　超

出　　版	中国社会科学出版社
社　　址	北京鼓楼西大街甲 158 号
邮　　编	100720
网　　址	http://www.csspw.cn
发 行 部	010 - 84083685
门 市 部	010 - 84029450
经　　销	新华书店及其他书店

印　　刷	北京君升印刷有限公司
装　　订	廊坊市广阳区广增装订厂
版　　次	2024 年 5 月第 1 版
印　　次	2024 年 5 月第 1 次印刷

开　　本	710×1000　1/16
印　　张	13.75
字　　数	202 千字
定　　价	75.00 元

目　　录

导　　论

改革开放 40 余年来，我国经济得到发展，综合国力得以增强，人民生活水平有了较大改善。加之国家对"三农"的大力投入和新型农村合作医疗保险报销比例的逐年递增，农村经济社会得以稳步发展，农民"因病致贫、因病返贫"的现象得以改善。2023 年，我国农村居民人均可支配收入达到 21691 元。[①] 为物质生活和精神生活水平的进一步提高奠定了经济基础。

随着生活水平的提高，中国人民对幸福有了更高的需要和追求。追求幸福是人的天性。习近平总书记在党的二十大报告中指出："治国有常，利民为本。为民造福是立党为公、执政为民的本质要求。必须坚持在发展中保障和改善民生，鼓励共同奋斗创造美好生活，不断实现人民对美好生活的向往。"[②] 中国人在追求幸福的时候，是毫不含糊的。不过，在追求幸福的过程中，有些中国人似乎出现了一些偏差，过分地看重物质在带来幸福中所起的作用。这种偏差在"金钱不是万能，但没钱是万万不能"这些俗语中有所体现，在年轻人对结婚的硬件要求，如"车子、房子、票子"等中也有体现。少数人甚至把幸福押注在金钱和财富上，认为有了这些东西就有了幸福。这种观点和做法显然是不全面甚至是错误的。

---

① 国家统计局网站《中华人民共和国 2023 年国民经济和社会发展统计公报》，https：//www.stats.gov.cn/sj/zxfb/202402/t20240228_1947915.html，2024 年 5 月 18 日。

② 习近平：《高举中国特色社会主义伟大旗帜　为全面建设社会主义现代化国家而团结奋斗——在中国共产党第二十次全国代表大会上的报告》，人民出版社 2022 年版，第 46 页。

　　许多著名学者早就指出，金钱与幸福并无密切的关系。哲学家梭伦（Solon）说过，财富多并不意味着一定幸福。[①] 美国经济学家理查德·伊斯特林（R. Easterlin）的"收入—幸福悖论"则认为，在收入水平达到某一数值后，收入与幸福之间的正相关性逐渐减弱，不再明显。这些著名学者的观点通常是基于思辨的，但如果有人怀疑其科学性或者普遍性，我们可以在此引用许多学者的研究来进一步证实我们的观点。现有大量研究证明金钱、财富与快乐并没有多大关系，特别是在当今物质丰富的年代。

　　博伊斯等人的研究显示，金钱也许能够买来幸福，但是这种幸福感太小，以至于可以忽略不计。[②] 马茨等人实地调查了超过7.6万个银行交易记录，发现消费者倾向于花更多的钱在符合他们性格特点的产品上：人们购买的产品越是符合其性格特点，越能带来更高层次的生活满足感，这种心理适应对幸福感的影响强于个人总收入或总支出的影响。一项后续研究显示了一个因果效应：个性匹配的支出增加了积极的影响。总之，当消费与买家的个性相匹配时，金钱确实可以买到幸福。[③]

　　初看起来，博伊斯等人的研究与马茨等人的研究所得出的结论似乎是矛盾的。但是仔细分析它们的关系，这些研究结果是可以并存的。结合更多的现有研究，关于金钱、财富与幸福的关系，我们可以得出以下结论：

　　在越是贫困的情况下，物质对幸福感的影响越大；但超过一定的阈值（物质需求得到基本满足之后），物质带来的幸福感变得越来

---

　　① 冯俊科：《西方幸福论——从梭伦到费尔巴哈》，中华书局 2011 年版，第 42 页。

　　② Boyce C. J., Daly M., Hounkpatin H. O. and Wood A. M., "Money May buy Happiness, but often so Little That It Doesn't Matter", *Psychological Science*, 2017, Vol. 28 (4)：544 - 546, https：//journals. sagepub. com/doi/abs/10. 1177/0956797616672271？journalCode = pssa, 2018 年 7 月 15 日。

　　③ Matz S. C., Gladstone J. J. and Stillwell D., "Money Buys Happiness When Spending Fits Our Personality", *Psychological Science*, Vol. 27, No. 5, 2016, https：//journals. sagepub. com/doi/10. 1177/0956797616635200, 2018 年 7 月 15 日。

小。总体而言，物质带来的幸福感是局部、受限和不能持久的。

　　幸福是关于我们内心的感觉，而金钱是来自外部世界的东西。所以，真正的幸福应该只能在我们的内心世界中找到。这也正是为什么塞利格曼会从（积极）心理学的角度来研究幸福，因为（积极）心理学认为，真正的幸福植根于工作、爱情、娱乐和养育。① 从马斯洛的需求层次（见图 1 - 1）来看，真正的幸福应该来自实现人类的上层需求，如爱/归属（love/belonging）、自尊（esteem）和自我实现（self-actualization）等。②

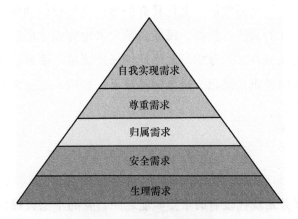

图 0 - 1　马斯洛需求层次

　　将上述有关论述和观点应用到我国少数民族村镇，可以得出以下结论：目前，我国少数民族村镇人民生活水平有了较大改善，物质较为丰富。这种情况下，物质的多寡已经不是决定幸福程度的主要因素，物质增加所带来的幸福感的提升是有限、局部和短暂的。因而，为提高少数民族村镇人民的幸福感，有必要在精神层面为他们增加营养，增强他们的归属感、自尊、自我实现等。

────────────

　　① Seligman MEP, Authentic Happiness: Using the New Positive Psychology to Realize Your Potential for Lasting Fulfillment, https: //books. google. com/books? hl = zh-CN&lr = &id = CM9tBAAAQBAJ&oi = fnd&pg = PA30&dq = true + happiness + comes + from + helping + others&ots = 0oZW1TK7e6&sig = 6OSC43xo_ nTzjJMrYYNzJyrUebE#v = onepage&q&f = false, 2018 年 7 月 16 日。

　　② Einstein A. , J. Addams and E. Roosevelt, Maslow's hierarchy of needs, http: //www. ps-survival. com/PS/Survival_ Lists/Maslows_ Hierarchy_ of_ Needs-2016. pdf, 2018 年 7 月 16 日。

所以，生活满意度和幸福感并不必然随着经济社会的发展提升，真正的幸福来自精神层面的提升。马斯洛曾说："高级需要的满足能引起更合意的主观效果，即更深刻的幸福感、宁静感以及内心生活的丰富感。"① 追根溯源，在人们的生存需求得到最大满足后，主观幸福感的提升和生活意义的获得就更依靠文化机制。

随着经济发展和城乡统筹发展的进一步深化，社会公共服务不仅需要为满足国民生存需求而提供物质保障，还要提供文化生活服务保障和促进个人的全面发展。文化具有的增进幸福感的功能，日益受到党和人民群众的关注。然而，民族乡镇大多地处偏远山区，经济水平较低，加之受城乡二元分割行政格局的长期影响，使得边远山区民族乡镇的文化服务供给匮乏、资金保障缺乏，影响了这些地方人们幸福指数的提升。

一　选题背景与研究价值

公共服务是现代政府的重要职能之一，党的十七大提出要建设服务型政府，这就需要对公共服务体系和服务型政府建设的有关理论和实践问题进行深入、系统的探讨。广播电视所提供的服务是由各种节目与信息组成的精神文化产品，在形态上与医疗卫生、义务教育、优抚救济、社会保障、供水供电、环境整治、社区管理等有所不同，但在本质上也是政府公共服务的重要类型。党的十六届六中全会在《中共中央关于构建社会主义和谐社会若干重大问题的决定》中提出"基本公共服务均等化"原则：政府及其公共财政要为不同利益集团、不同经济成分或不同社会阶层提供一视同仁的公共产品和服务，其目的就是要逐步缩小城乡之间、不同区域之间、不同群体之间基本公共服务差距，促进社会公平。广播电视公共服务体系应提供均等化的信息

---

① 〔美〕亚伯拉罕·马斯洛：《动机与人格（第三版）》，许金生等译，中国人民大学出版社2013年版，第62—63页。

产品和服务，供全体公民共同消费与平等享用，以满足社会的信息需求。

由于历史的原因，我国城乡二元分割的行政格局没有根本改观。对于生活在边远乡村的少数民族而言，其民族习俗和文化特色，使得他们对于信息的需求与一般的农村居民存在一定差异。广播电视公共服务体系在建设过程中，有必要分为对城市公共服务、对农村公共服务及对少数民族服务。这样可以在推进"基本公共服务均等化"进程中准确地定位重点，寻求难点。在此基础上，广播电视生产制作和传输传播部门可以依据对象的不同，进行有针对性的生产和传播，实现公共服务的对象化。国家《十四五规划和 2035 年远景目标纲要》提出要提升乡村基础设施和公共服务水平，推动市政公用设施向郊区乡村和规模较大中心镇延伸。广播电视覆盖广、影响大，作为公共资源，对农村的文化建设、少数民族传统文化的保护与传播，可以发挥巨大的作用。

（一）选题的实践意义及应用价值

有关幸福与物质（金钱、财富）的论述给我们如下启示：当今中国物质较为丰富的情况下，民族村镇人们的幸福感和生活质量的提高，主要取决于精神层面的升华。因而，精神层面的食粮才是提高人们幸福感和生活质量的关键。广电传播能够为少数民族村镇提供精神食粮，是广电服务工作的一个重点。这在《中共中央关于构建社会主义和谐社会若干重大问题的决定》和《十四五规划》等文件及其提出的"基本公共服务均等化""推进城乡基本公共服务标准统一、制度并轨"原则中已经有了较为充分的体现，虽然现实中还存在不均等的现象。这种不均等现象的减轻或者消除，正是本研究的核心任务。完成这个核心任务，可以实现以下价值：

1. 巩固"广播电视村村通工程"的建设成果，为民族村镇广电服务提供软件支持；

2. 丰富广播电视公共服务体系中民族村镇部分的内容和模式建

设，促进民族村镇媒介需求市场的发展，把公共利益与媒介利益联系在一起；

3. 促进少数民族传统文化的自觉与自信，加强少数民族传统文化的传播，实现少数民族文化与其他文化的互动交流及文化的多元化发展；

4. 促进民族村镇的文化建设和发展，推进少数民族和谐社区与新农村建设。

上述意义的实现有助于少数民族村镇精神层面的提升，加强村镇村民的幸福感，提高他们的生活质量。

（二）选题的学术意义及政策价值

本研究同样有着多重学术意义和政策价值，包括：

1. 可以丰富广电服务公共服务体系的基本内容，解决广电服务体系中的实际问题，为广电管理部门决策提供理论参考和依据。

2. 在"广播电视村村通工程"背景下，研究广电内容建设与民族村镇的信息需求问题，对于广电内容生产和传播工作有一定的理论参考意义。

3. 可以为中国特色社会主义建设提供一些启发。在经济发展到一定水平后，人们的幸福感与财富的关系发生了变化，GDP 不再是唯一标准。这样一来，我们就可以更好地保护我国的环境和资源，这无疑有利于我国社会经济稳定、持续的发展。

二 研究目标与主要内容

（一）研究目标

广播电视是社会的公共资源，应该保持和发挥公益性和均等性的原则。政府与广电部门有责任和义务来扶持对农服务、对民族村镇服务。广电媒体提供的服务产品，可以影响受众的思想观念，促进他们思想的现代化。如果民族村镇发展起来了、信息化程度提高了、人们的视野开阔了、思想活跃了，就能增益智力、解放思想、转变落后观念，他们对幸福的理解、对人生的追求就可能得以升华。民族村镇富裕起来了，民族村镇的媒介环境和媒介市场也将有所改观，也有利于广电行业自身的发展。

本研究拟实现以下几个目标：

1. 以公共利益、公共服务均等化为立足点，建立民族乡镇广播电视公共服务体系。

2. 发挥地方广电媒体的作用。县级广电媒体位于四级广电的基层，是硬件体系中民族村镇广播电视公共服务体系的中心。从公共服务体系的内容服务方面来说，县级广电又直接面对基层受众，是与广大农村、民族村镇受众贴得最近的一级媒体，承担着满足本区域受众差异化需求的重要责任。以县级地方媒体为依托，能够建立民族村镇广播影视公共服务的长效机制。

3. 完善公共财政的支持系统，加大对少数民族广播电视服务体系的财政扶持力度，从资金、人员上保证广播电视对少数民族的服务，制定相关的政策，鼓励非政府的公共组织参与到公共服务中来，形成以政府为主导、社会参与的格局。

4. 加强少数民族传统文化的节目建设，利用广电传播渠道传播少数民族文化，实现民族文化与大众文化的互动交流；培育民族村镇媒介消费市场，把公共利益和媒体利益联系起来；研究民族村镇广播电视服务体系的建设过程，厘清公共服务体系形成的影响因素及其作用。

（二）研究内容及主要方法

中国城乡二元分割的行政格局，导致广播电视公共服务在城乡之间、不同地区之间存在差异，不同群体之间也存在着失衡的现象。本研究拟从民族村镇广电服务的投入、提供服务的数量和质量，以及产生的效果等方面，来研究公共服务体系建设的路径选择与制度安排。

1. 本书的主要内容包括以下几个方面：

（1）民族乡镇广播电视服务体系建设历程的梳理。采用描述性研究和解释性研究相结合的方法，通过文献综述和实际调研的方式对民族村镇广电公共服务体系的发展历程进行严谨的梳理和划分，站在宏观的、历史的角度分析各个发展时期民族村镇广电服务体系的构成、状况、经验、不足，为梳理当下现状及其不足和未来的发展提供借鉴。

（2）现状和问题分析，采取实地调研、数据分析、问卷调查报告分析、业界高层领导和学界专家深度采访、基层走访等方式，以切实可靠的论据来分析当前广电公共服务体系的现状和问题。

（3）通过对民族村镇广电公共服务的数量和质量等问题进行调研，以数据为基础对乡镇广电服务体系进行研究。

（4）从民族村镇广电的信号覆盖、内容提供、体制机制、评估系统等方面，提出民族村镇公共服务体系的总体框架和具体内容。作为重要的参照，本课题还对相关媒体进行实地调查，为民族村镇广电公共服务体系的实施提供借鉴。

2. 主要采用的研究方法

（1）文献资料整理与实地调研结合

资料工作是研究工作的基础，本课题借助文献整理与实地调研相结合的方式收集资料。在研究过程中，首先集中整理涉及少数民族传播、公共文化服务、公共服务均等化等的经典理论、有关少数民族广电传播的相关研究成果，以及少数民族自治区广电节目内容供给、少数民族村镇广电收视硬件设施供给等相关资料；其次，实施大规模、大范围的实际调查和深度访谈，以补充文献资料的不足，把握少数民族村镇广电传播的实际情况和最新动态。

本研究主要的调查和访问对象包括三类：一是熟悉少数民族乡村文化的专家学者。与他们的访谈将有助于我们探讨少数民族乡村广电供给的现状、条件及发展趋势。二是政策决策者。对广电部门中制定政策的相关人员进行访谈，我们可以了解少数民族广电服务的运行机制、管理政策及其执行情况等。三是少数民族乡村的居民，也是调查访问的重点对象。对所选民族村镇的少数民族家庭进行问卷调查和田野观察，对他们收看广电节目的个案进行观察、记录和思考，从而了解广电服务对少数民族受众产生的各种影响。

（2）定性分析与定量分析结合

定量分析与定性分析各有其特点：定量分析比较精确，但不易反映事物的本质特征；定性分析反映事物的本质、特征与方向，但精确性不够。在研究过程中，两种方法应该是统一且相互补充的。

定性分析是定量分析的前提和基础，定量分析只有建立在大量按质的规定性进行归类统计的资料分析基础之上，才能揭示出事物的内在联系及其发展规律。定量分析有样本量的要求，涉及样本的代表性问题，受调查时间、资金、技术等方面的限制，做全面的调查是不可能实现的。因而在研究中，以定性分析为基础，以定量分析为手段，用定性分析指导定量分析，以定量分析来支持定性分析，相互取长补短、相得益彰，有利于正确把握少数民族乡村在广电收视中信息接收与利用的现状与特点，从而得出客观科学的结论。

（3）实证分析与规范分析结合

实证分析和规范分析是在社会科学中广泛应用的研究方法。实证分析大都是以现实环境为基础，着重与事实相关的分析，试图解决"是什么"的问题，是对一个事情如何运行的描述。规范分析则和价值判断有关，需要回答"应该怎么样"的问题。

本书在对少数民族乡村的信息接触、传媒环境、信息利用情况进行具体分析时，主要应用实证分析方法。在实证分析的基础上，通过比较、归纳和概括得出结果和结论。在归纳少数民族广电公共服务的模式、分析传播效果的理论范式过程中，运用了规范分析的方法。这一过程显然包含许多主观的选择判断和价值取向。

在社会研究中，实证分析与规范分析是难以截然分开的。任何时候在进行实证分析时，总持有一定的价值判断标准。选择这样的事实或案例加以分析、排除掉其他事例，本身就隐含了价值判断。规范分析同样也离不开实证分析。规范分析要有说服力，就必须根植于实证分析基础之上，应当是纳入了一定的价值标准、更带有建议性的实证创新包括以下内容：为市场、政府和社会提供更为有效的产品、过程、服务、技术或者商业模式。在法兰克刘易斯（Frankelius）看来，"创新"一词可以定义为创造一个原创、更有效的东西，借此"闯入"市场或社会。① 巴辛（Bhasin）认为创新与发明有关，但不等同于发明。② 摩根（Morgan）指出，创新更倾向于将一项发明在实践中加以实施和推广，以便在市场或社会中产生有意义的影响。③ 所以，并非所有的创新都要求发明。

在康特（Kanter）看来，创新包括原创性的发明和创造性应用。他将创新定义为新思想、新产品、新服务和新流程的产生、接纳和实现。④ 为了区分创造性（creativity）和创新，修斯（Hughes）等人给创新做出如下定义：

> 具体而言，创新涉及一些问题/机会识别的组合，引进、采纳或修改与组织需要相关的新思想，对这些新思想加以推广或实施。⑤

综上所述，创新不仅可以包括"新的思想、策略和方法"，也包括对这些内容在实践中的应用。创新的一个重要衡量标准是这些思想、策略和方法在应用于实践之后，是否产生了有意义的影响。

鉴于上述有关创新的叙述，我们认为本研究具有以下创新之处：

---

① Frankelius, Per, "Questioning Two Myths in Innovation Literature", *The Journal of High Technology Management Research*, Vol. 20, 2009, pp. 40 – 51.

② Bhasin, Kim, "This Is The Difference Between 'Invention' And 'Innovation'", *Business Insider* (2012 – 4 – 2).

③ Morgan J., *What's the Difference Between Invention and Innovation? Forbes*, (2015 – 9 – 10).

④ Altshuler A., Behn R. D., *Innovation in American Government: Challenges, Opportunities, and Dilemmas*, Washington: Brookings Inst Pr., 1997.

⑤ Hughes, D. J., Lee, A., Tian, A. W., Newman, A., Legood, A., "Leadership, Creativity, and Innovation: A Critical Review and Practical Recommendations", *The Leadership Quarterly*, Vol. 29, No. 5, 2018, pp. 549 – 569.

（1）参考现有研究和少数民族村镇广电传播的现状，提出了一个综合性的民族村镇广电公共服务体系；

（2）将现有研究如"均等化"的原则及其相关理论应用于解决少数民族村镇广电传播存在的问题，提出解决这些问题的新方法；

（3）总结现有研究和本课题，提出了一些新的观点。如：良好的广电传播服务，可以有效提高少数民族村镇人民的幸福感和生活质量；在当前我国农村物质较为丰富的情况下，要提高少数民族村镇人民幸福感和生活质量，应为人民提供更为丰富的精神食粮。

民众的实际需要和要求提供的，在为民众提供公共服务的时候，收入、体力和精神敏度（mental acuity）都不应该成为是否提供公共服务的标准；即使公共服务不是政府提供或援助的，出于社会和政治原因，公共服务也应该服从上述规则。① 这不同于其他大部分的经济领域。基于公共利益和要求的公共政策，要求政府或者相关部门能够提供公共服务。

可见，不管公共服务是由政府提供、援助，还是由营利性公司提供，都应该考虑所有民众的需求，不管他们是富有还是贫穷、身体是好是坏、智力是高还是低。

公共文化服务则是文化领域的公共服务，这是政府公共服务的重要内容之一。作为公共服务的子领域，公共文化服务的主要提供者仍然是政府。公共文化服务是以保障公民的基本文化生活权利为目的、向公民提供公共文化产品与服务的制度和系统的总称，包括公共文化服务设施、资源和服务内容，以及人才、资金、技术和政策保障机制等方面内容。

基本公共文化服务则是能满足民众最基本的文化生活需要的公共文化服务。从现阶段看，基本公共文化服务包括读书看报、收听广播、观看电视、观赏电影、戏曲（地方戏）、文体活动和互联网等。

三 公共服务均等化

张桂琳指出，我国公共文化服务的非均等化主要表现在公共文化服务经费投入水平较低、城乡差距巨大、地区差距较大等方面；他提出实现我国公共文化服务的均等化，现阶段应该遵循以下基本原则，即社会正义原则、渐进推进原则、差异对待原则、公民选择原则和政府主导原则。②

---

① McGregor, Eugene B., Jr, Campbell, A. K., Macy, John W., Jr, & Cleveland, H., "Symposium: The Public Service as Institution", *Public Administration Review*, Vol. 42, No. 4, 1982, p. 304, http://search.proquest.com/docview/197199863（subscription required），2019 年 1 月 3 日。

② 张桂琳：《论我国公共文化服务均等化的基本原则》，《中国政法大学学报》2009 年第 5 期。

参考张桂琳等人的现有研究，我们可以将公共服务均等化做如下理解：

公共服务均等化指的是为全国城乡、不同地区、不同民族的民众提供相同或相似水平和内容的公共服务。在提供公共服务的过程中消除城乡差异、地区差异和经费投入的差异，使农村、偏远地区和少数民族地区民众能够享受到跟城市和发达地区相同或相似水平的公共服务。

四　公共福利

公共福利由政府支持或提供，并由国家法律或政府政策加以保障。公共福利是社会福利的重要项目，它是国家和社会为满足全体社会成员的物质及精神生活基本需要而兴办的公益性设施和提供的相关服务。公共福利的内容十分广泛，涉及人民生活的诸多方面。教育福利、卫生福利、文化康乐福利以及住房福利等都属于公共福利。公共文化服务是公共福利的一种。考虑到公共福利及其设施、服务系统的复杂性，实施公共福利前的理论研究是必要的。

第二节　少数民族广电传播研究现状

少数民族广播电视是我国广播电视的重要组成部分，也是我国作为多民族统一国家的重要表现形式。自20世纪30年代我国出现少数民族语言广播以来，历经近百年历史变迁，无论是广播电视技术，还是传播内容与题材的多样性，都取得了长足进展，已然成为了解、展示中国民族文化的重要窗口与阵地。处在不同历史阶段的少数民族广播电视，国家赋予其的历史任务、其承担的历史责任也不同。站在新时代的历史交汇点上，以下工作对于少数民族广播电视领域来说，值得研究者深入探讨：如何继续发挥好其"宣传党的民族政策，促进各民族间的团结、交流与合作，增强中华民族的凝聚力"的重要作用；尤其是在互联网媒介融合时代，如何使传统广播电视的单一产品形态、单向传播方式、大众化的传播内容，融合互联网多媒体形态、互动传播、个性化服务等优越性，以提高少数民族广播电视的传播效果与影响。

作为党和国家在民族地区传播大政方针的重要媒介，自少数民族广播电视出现伊始，研究者对于传播内容、传播形式、传播渠道的研究就已开始。笔者在此仅梳理20世纪90年代以来的研究成果，分为理论综合类、实践研究类、问题及对策建议类。

一 理论综合类

（一）关于概念的界定

林青在《中国少数民族广播电视发展史》一书中将少数民族广播电视的概念分为三个层次。第一层次是指"民族地区广播电视举办的汉语与少数民族语言所有的广播电视节目，以及为这些节目制作播出、传输、覆盖的一系列技术设施"；第二层次是指"中央和地方的广播电视机构用少数民族语言举办的广播电视节目"；第三层次是指"对外广播电视宣传中用汉语和外语介绍中国少数民族，介绍中国民族政策的节目"[1]。

魏洪庚、黄森梳理了我国新闻界、广播电视理论界对"少数民族广播电视"概念的不同界定方法。第一种是侧重于按地域范围做出界定的"地域归类法"，指民族地区举办的所有广播电视节目；第二种是侧重于按传播符号做出界定的"语言归类法"，指中央和地方的广播电视机构用少数民族语言举办的广播电视节目；第三种是侧重于按传播对象做出界定的"对象归类法"，指用汉语播音、向通晓汉语的少数民族介绍各民族政治、经济、文化生活的广播电视节目；第四种是侧重于按传播内容做出界定的"内容归类法"，指在对外广播电视宣传中用汉语、外语介绍中国少数民族、介绍中国共产党民族政策的节目。魏洪庚、黄森倾向于按照进入传播过程的语言符号为基本元素，兼及传播内容、传播对象及覆盖地域，采用揭示概念内涵的逻辑

---

① 林青：《中国少数民族广播电视发展史》，北京广播学院出版社2000年版，第7页。

方法进行界定。①

随着研究的不断深入，关于少数民族广播电视的概念界定日渐成熟与全面，大致可概括为广播电视（作为媒介）在民族地区传播、少数民族（内容、题材）有关的传播内容以及对外介绍中国少数民族情况的广播电视节目。

（二）关于研究的评述

哈艳秋、齐亚宁②回顾了1994—2015年发表的少数民族广播电视研究文献，他们将中国少数民族广播电视研究的主要内容划分为：理论研究（定义、作用及功能、区域特征及对外传播等）、发展史研究、应用研究、传播效果和受众研究四个部分。他们认为当前中国少数民族广播电视研究存在以下不足：（1）研究层次不高、理论抽象程度不够，原创性缺乏，尚未形成系统的少数民族广播电视理论体系；（2）缺乏一手材料与应用性研究；（3）与新媒体相关的研究力度不大。他们提出，在今后的少数民族广播电视研究中应采用多元化研究视角，加强个案研究，重视对少数民族资源开发和利用的研究，探索少数民族广播电视机制改革的路径，关注新媒体背景下少数民族广播电视研究，不断促进少数民族广播电视事业的发展。

二　实践研究类

少数民族广播电视的发展，导致传统少数民族村寨的传统文化、社会结构、文化心理、生活方式等都发生变迁。不同研究者从不同角度进行了个案研究，呈现出少数民族地区在全球化、城市化背景下信息传播变迁的多样性。

李谢莉、白润生调查了20世纪90年代以来四川省少数民族广播电视事业的发展进程、现状、成果与弊端；他们认为该省少数民族广

---

① 魏洪庚、黄森：《中国少数民族广播电视跨世纪发展的宏观思考》，《当代传播》1999年第3期。

② 哈艳秋、齐亚宁：《20年来中国少数民族广播电视研究述评》，《中国广播电视学刊》2015年第1期。

播电视事业迅猛发展，不仅增强了民族团结，保障了少数民族地区的社会稳定，还促进了思想解放和观念更新，推动了少数民族地区市场经济的发展，提高了农牧民的思想文化素质，使少数民族群众逐步建立起健康、文明的生产、生活方式。但与汉族地区相比，仍有很大差距。四川省少数民族广播电视发展仍然存在诸多问题：发展水平参差不齐，整体实力尚待加强；事业发展能动性弱，以转播、购买节目为主，自办节目较少；市场化程度低，以政府财政补贴为主导，业务经营性收入少等问题。①

龙丽双分析了大众传媒对少数民族文化产生的巨大冲击，认为大众传媒带来的各种新观念和信息，在很大程度上改变了少数民族的传统风俗、习惯、思想等，甚至让一些少数民族文化濒临消亡；但从辩证法的角度去思考，大众传媒在修护、弥补少数民族逐渐失落的文化、在年轻族群间传承本民族文化及与其他民族沟通、交流各自的文化方面也影响深远。②

李勤认为，大众传播对少数民族文化的影响表现在如下方面：思想价值观的逐步认同，民间文艺与民族习俗的逐步变化，行为规范与行为方式的逐步改变，文化移入与民族传统文化的消解等。③

谷禾认为，大众媒体对于少数民族身份认同的塑造具有重要作用：通过传播主流社会价值观、发挥语言文化的教育功能、传播社会经济信息技术，有助于促进少数民族接纳吸收主流社会文化，有利于塑造少数民族的民族认同意识、国家认同意识。④

葛艳玲从农村少数民族受众对电视节目的解读方式、电视媒介对族群认同和国家意识的建构、电视媒介对少数民族生活及民族间交往的冲击、电视媒介对农村少数民族地区社会转型的影响这四个维度，分析了

---

① 李谢莉、白润生：《20世纪90年代四川少数民族广播电视事业发展调查与思考》，《西南民族大学学报》（人文社会科学版）2004年第10期。

② 龙丽双：《冲击与传承：大众传媒对少数民族文化的影响与思考》，《贵州民族学院学报》（哲学社会科学版）2011年第6期。

③ 李勤：《大众传播对少数民族文化的影响》，《民族新闻探析》2005年第5期。

④ 谷禾：《大众传媒与少数民族身份认同的塑造》，《青海民族研究》2009年第1期。

电视媒介对农村少数民族地区社会转型的影响；她认为大众传媒（尤其是电视）已成为影响农村少数民族群众传统思想观念、人际交往的重大因素；社会转型的历史特殊性与农村少数民族的特点，使得多数人处于一种对大众传媒内容认识的"模糊化"状态，反映出农村少数民族群众的媒介认识能力、利用能力较差，对转型不适应。①

笔者曾对西江千户苗寨广电传播进行定性与定量研究后认为，在"村村通"工程建设逐步完善，电视、电话、手机、互联网等电子媒介逐步深入少数民族乡村的时代背景下，电视成为少数民族乡村居民获取信息的重要渠道，手机成为少数民族乡村居民新的信息沟通方式，而报刊和广播的信息传播功能逐渐弱化。②

梅其君等认为，作为现代化进程的重要媒介，信息技术传播导致少数民族乡村在信息获取方式、生活方式（日常生活作息时间、娱乐方式、文化传承方式、交往方式、人际关系）、乡村思想观念（文化价值观、科学观、乡土观、婚恋观、审美观、能力观）等方面发生改变，进而引起少数民族乡村文化的整体变迁。③

三　问题及对策建议类

岳广鹏梳理了我国当代少数民族电视业的发展历史，将其划分为培育期、发展期、加速期三个阶段；指出目前仍然存在缺少精品节目、缺少专业人才、缺乏盈利模式等问题。④

肖军通过调查发现，新疆维吾尔自治区民语广播电视受众存在显著的城乡、年龄差别；城市中收看民语广播电视的受众集中在家庭妇

---

①　葛艳玲：《电视媒介对农村少数民族地区社会转型的影响性分析》，《青海社会科学》2012 年第 2 期。

②　顾雪松：《少数民族村镇的信息获取与利用的研究——以贵州西江千户苗寨为例》，《西南农业大学学报》（社会科学版）2011 年第 12 期。

③　梅其君、封佳懿、宋美璇：《信息技术传播与少数民族乡村文化变迁》，《中南民族大学学报》（人文社会科学版）2018 年第 2 期。

④　岳广鹏：《对我国少数民族电视发展的思考》，《中央民族大学学报》（哲学社会科学版）2010 年第 3 期。

女、高龄者；乡村受众居民分散，受教育程度总体偏低，可接触媒介较少，可选择的节目内容较少，收看民语广播电视者较多；新疆民语广播电视经过长期发展，逐渐成为少数民族现代文化生活的主要组成部分，同时带来了多元文化的冲突。肖军认为民语广播电视受到全国媒体竞争的严峻挑战，其定位需要进一步明确，同时需要加大人力物力投入，继续发挥广播电视在民族文化现代转型中的推动作用。①

库尔班江·尤努斯、丹娜·巴吾尔江回顾了新疆维吾尔自治区广播电视发展历程，认为新疆地区用少数民族语言译制的电视节目和制作的广播节目数量在逐年递增，精品栏目层出不穷，范围涉及法律法制、经济生活等。但是依然存在许多问题，诸如资金缺乏、经营管理体制陈旧、自我生存能力差、专业人才缺乏、广播电视人才队伍建设落后等。他们建议丰富经营手段，全面加强人才队伍建设，加强少数民族广播电视从业人员的服务意识，满足受众需求，少数民族广播电视应增加自办栏目，强调民族特色的同时注重跨文化传播；他们还指出少数民族新闻事业应服务于经济建设，充实社会的物质基础。②

帕提古丽提出少数民族广播电视需要高度关注少数民族和少数民族地区较为突出的一些现实问题，如贫困问题、流浪儿童问题、艾滋病问题。③ 王淑兰认为，我国在世界传媒格局中的软、硬传播亟待提高，尤其是边疆少数民族地区广播电视面临的反西化、反分化任务非常艰巨，应该加强维吾尔族、哈萨克族、蒙古族语言广播传播，加快少数民族语言广播电视节目建设，加强中央台少数民族语言广播对边疆少数民族地区的宣传和覆盖。④

---

① 肖军：《刍议新疆民语广播电视与少数民族文化现代转型》，《新西部》2018 年 1 月上旬刊。
② 库尔班江·尤努斯、丹娜·巴吾尔江：《新疆广播电视成就、瓶颈与发展对策分析》，《中国少数民族地区信息传播与社会发展论丛》（2009 年刊）。
③ 帕提古丽：《增强少数民族广播电视"贴近性"需要关注的几个问题》，《中国广播》2009 年第 2 期。
④ 王淑兰：《中国边疆少数民族地区广电发展与区域性传播研究》，《现代传播》2009 年第 2 期。

范文德认为，少数民族广播电视传播正面临着越来越多来自互联网的挑战。传统广播电视的单一产品形态、单向传播方式、大众化的传播内容，应该借鉴互联网多媒体形态、互动传播、个性化服务的优越性，少数民族地区广播电视事业的发展需要借助于媒介融合；应该在经营上整合新、旧媒体在资本、人员、技术、管理等多方面的资源优势，通过规模经营、规模效益，增强广播电视媒体的核心竞争力；在内容传播上可以覆盖众多媒体形态，丰富受众群体，产生广泛的传播效果。范文德还指出，广播电视属于主流媒体，其在媒介融合中的深度介入，可以对于民族地区意识形态的健康发展产生积极和深远的影响。媒介融合，是少数民族地区广播电视发展的必由之路。①

诚如上述研究者所述，中国少数民族广播电视发展正面临着越来越多的挑战。在全球化、现代化、城市化进程中，在网络时代浪潮的冲击下，作为媒介与工具的少数民族广播电视，如何继续宣传好党的民族政策，维护国家统一、民族团结，成为反分裂、反渗透斗争的强大舆论工具与促进民族地区社会发展、现代化的重要推手，丰富各民族人民文化生活，传播现代文明，成为精神文明建设的强有力工具，需要更多的研究者深入探究。

第三节　公共文化服务现状和
有待完善的地方

广电传输服务属于政府提供的公共文化服务的一个部分。因而对公共文化服务的概念、现状及其不足之处加以简单的梳理，有利于我们对广电传输服务相关方面的把握。

一　公共文化服务
公共文化服务与公共、公共服务、公共文化三个概念密切相关。

---

① 范文德：《媒介融合与少数民族地区广播电视发展》，《中国广播电视学刊》2010年第6期。

　　"公共"一词最早出于《史记·张释之冯唐列传》中"法者，天子所与天下公共也"一句。这句话说的是法律是天子颁布的，但也是大家共同倡议的，需要大家共同来遵守。可以看出"公共"一词的含义是指公有的、大家公用的。《现代汉语大词典》对"公共"的释义是：属于社会的、公有公用的。而"公共"一词的英文翻译是 public，其解释有：公众的，公共的；政府的；人人知道的；为大众的，社会的，（从事）公共事务的。由此可见，"公共"一词所表达的基本意思就是公有公用的，属于社会的。也就是说其面向的对象是全体公众，大家都能进行享用。

　　"公共服务"（public service）这一概念于 1912 年由法国公法学者朵品·狄兆明提出，并将其作为现代公法制度的基础。西方学术界多运用案例实证分析法和制度分析法等对其进行多学科交叉综合研究。而最有价值的研究主要体现在与改革相关的研究，如：B. Guy Peters（2001）的政府治理模式改革及治理能力提高的理论、E. S. Savas（2002）的公共服务民营化思想、Jan-Erick Lane（2004）对于公共服务的合约制政府，及后续的公共服务供给自愿机制和公共服务改革绩效管理机制的研究。纵观西方学界对公共服务的研究可知，公共服务的供给模式不断变化并朝向多元化发展，且市场在公共服务供给中要发挥更加积极的作用，最终形成国家与社会、政府与公民、公共部门与私人部门共同合作的多元化公共服务治理机制。

　　我国对公共服务的研究则主要源于其供给短缺、难以满足人民群众日益增长的需要的现实，加之我国社会转型加速了对公共服务的研究，从引进理论到设计具体政策出现了大量的研究。主要体现为：公共服务供给理论相关探讨、公共服务供给的城乡差距、公共服务的供需矛盾，以及以何种方式供给和如何合理利用财政资金保障供给。① 20 世纪 50—60 年代兴起的政策科学使公共服

---

　　① 肖建华：《农村基本公共服务财政保障机制与政策研究》，经济科学出版社 2013 年版，第 3—6 页。

务成为政治学、行政学界研究的主题，故"公共服务"是一个政治学术语。因此，可以从广义上对"公共服务"进行界定：公共服务是以政府为主要供给主体、面向全体公众提供的服务，其目的是满足公众的需求。由于政府是主要的供给主体，故公共服务属于全民所有，任何个人和组织获得公共服务的机会和成果都是平等的。

由于是政府提供的服务，公共服务包含各种有形与无形的公共产品，这就涉及公共产品理论。最早对公共产品理论进行阐述的是瑞典经济学家维克塞尔的著作《财政理论研究》。此后公共产品理论在经济学领域得到长足发展。比如公共选择学派的奠基者布坎南把公共产品界定为"任何由集体或社会团体决定，为了任何原因，通过集体组织提供的物品或者服务"；萨缪尔森认为"与来自纯粹的私有物品的效益不同，来自于公共产品的效益牵涉到对一个人以上的不可分割的外部消费效果"；世界银行认为"公共产品就是指非竞争性的和非排他性的产品，非竞争性是指一个使用者对该物品的消费并不减少它对其他使用者的供给，非排他性是指使用者不能被排除在对该物品的消费之外"①。总之，可以看出，公共产品具有消费的非竞争性和非排他性。这就使得对公共产品的消费进行收费是不可取的。加之公共产品一般具有规模效益大、初始投资量较大的特征，使得私人或者市场一般不愿意进行提供，即使提供也难以保障其效益。

由上可知，虽然公共服务和公共产品分属不同的学科范畴，但由于两者在消费上都具有一定程度的非竞争性和非排他性，所以不能把两者割裂开来看待，经济学领域中的公共产品研究重视物品供给效率，其归属于"物品"的范畴，而"公共服务"不仅汲取了政治学营养，而且包含了公共产品的内涵。故可认为：政府作为最纯粹的公共部门，以公共利益为导向，对公共事务进行管理，并为社会提供公共物品和公共服务。从供给者的角度来看，公共服务提供的只能是公共产品、至少是准公共产品。政府是公共产品的主要

①　参见陈振明《公共管理学》，中国人民大学出版社 2005 年版，第 4—5 页。

供应者，政府的公共财政投入是公共服务的主要资金来源。公共产品使用消费时的非竞争性和非排他性使得公共产品的消费大都是免费或者收取低于其成本的费用，因而私人提供者就没有提供这种物品的积极性。

"文化"一词最早是分开使用的，见于《周易·贲卦》中的"观乎人文，以化成天下。"最早把"文化"连接使用可见于汉代刘向的《说苑·指武》，其意是"文治和教化"。学术文献中对文化定义的分歧，主要集中在是否包含物质因素方面。社会学家郑航生认为文化是与自然现象不同的人类社会活动的全部成果，它包括人类所创造的一切物质的与非物质的成果。① 由此可见，文化的建设与发展必须顾及不同地域文化的属性特性。

针对公共文化的定义，有两种不同的观点。一种认为公共文化是一种文化供给系统，主要是从提供文化产品的组织机构来定义的，认为公共文化是由代表国家、社会或社团的法人或其他组织，向公共领域提供文化产品和文化服务的公益性文化组织形态。② 严格来看，此定义的公共文化并不是文化的一种，而是提供文化的组织团体部门，是专门向公众提供免费公益性文化产品和服务的组织系统。其提供的文化产品和文化服务应该是由社会全体成员所共同享有的，是能够反映时代特点的，也是社会成员所需要的。从消费层次来说，除了有基本的低层次之外，还要提供国家发展和民族振兴所必须、但属于较高层次的高雅艺术等公共文化产品和文化服务。

另一种则主要是从其作用来进行定义，认为公共文化是在政府的主导下，以财政转移支付的形式向社会群体提供的文化产品和服务，具有弥补市场供给缺失和不足的作用。③ 结合本层含义，可以看出公

① 郑航生等：《社会学概论新修》（第4版），中国人民大学出版社2013年版，第66页。
② 陈明：《西方文化管理概论》，书海出版社2006年版，第291页。
③ 徐世王：《中国公共文化服务：新观念、新形势、新经验与新课题》，载李景源、陈威主编《中国公共文化服务发展报告（2009）》，社会科学文献出版社2009年版，第38页。

共文化的供给主体是政府主导下的其他组织机构，公共财政为其主要的资金来源，面向的是全体社会公众，提供的是与社会发展阶段相适应的有形和无形的文化产品。但需明确的是，政府主导并不否定由其他组织结构，如第三部门、非营利性组织或个人无偿提供的公共文化服务。

文化的传承需要借助一定的载体，没有载体文化就难以传播和继承，而公共文化服务就是借助一些软硬件设施开展活动的过程。故而可以对公共文化服务做出如下界定：

公共文化服务的供给者是政府部门或者准公共部门，提供的是公共产品和服务，服务对象是全体社会公众，目的是满足社会民众基本的精神文化需求，提升其文化生活水平。公共文化服务是不以营利为目的的，公益性是其本质属性，它追求社会效益的最大化。另外，公众在获取和享受公共文化服务时享有均等的服务机会、服务内容和服务质量。向公众提供公共文化服务要依据当地的经济社会发展水平，以保障基本文化需求。

二　中国公共文化服务现状

我国 2005 年首次提出发展公共文化服务，虽时间不长，但从政策、法律法规的出台，经费的投入、基础文化设施增量建设中可以看出国家对其重视程度。

首先，公共文化服务政策得到不断完善。2005 年 10 月，在党的第十六届五中全会通过的《中共中央关于制定国民经济和社会发展第十一个五年规划的建议》中首次提出“逐步形成覆盖全社会的比较完备的公共文化服务体系”。自此，公共文化服务体系建设开始实施。同年 11 月出台的《关于进一步加强农村文化建设的意见》对推动农村经济、政治、文化的协调发展起到重大作用，极大满足了农民多层次、多维度的精神文化需求。2012 年 11 月党的十八大报告提出，扎实推进社会主义文化强国建设，加大对农村和欠发达地区文化建设的帮扶力度，繁荣发展少数民族文化事业。这为我国公共文化服务建设指明了方向和重点区域。2015 年 1 月出台《关于加快构建现代公共文化服务体系的意见》（中办发〔2015〕2 号），同时下发《国家基本公共文化服务指导标准》，不仅对我国公共文化服务进行了系统、细致的规划，更完善了我国公共文化服务体系的制度框架。

2020 年 3 月，文化和旅游部、国家发展改革委和财政部三部委联合印发《关于推动公共文化服务高质量发展的意见》，将公共文化服务的高质量发展与乡村振兴、文化强国有机结合起来。2022 年 10 月党的二十大报告提出"健全基本公共服务体系，提高公共服务水平，增强均衡性和可及性，扎实推进共同富裕"的要求。

其次，公共文化服务产品越来越多。由政府进行投资统筹规划兴建的博物馆、美术馆、文化馆已成为丰富民众精神文化生活的重要基础设施。在政府主导下，我国基本实现了"县县有图书馆文化馆、乡乡有综合文化站、村村有文化大院"的建设目标。近年来，西新工程、广电"村村通"、送电影下乡、送书下乡等公共文化服务政策的实施丰富了公共文化服务产品。

最后，公共文化服务财政保障力度进一步加大。随着经济发展水平的提高和公共文化服务需求的增长，近年来，中央政府和各级地方政府对公共文化服务的财政拨款越来越多。各级"三馆一站"免费开放的补助标准为：地市级为每馆每年 50 万元，县级每馆每年 20 万元，乡镇综合文化服务站为每站每年 5 万元。2015 年全国文化事业费总计 682.97 亿元，增长 17.1%，占国家财政总支出比重为 0.39%，比上年提高 0.01 个百分点；全国人均文化事业费 49.68 元，增长 16.5%。《国家基本公共文化服务指导标准》明确要求："县级以上各级政府按照标准科学测算所需经费，将基本公共文化服务保障资金纳入财政预算，落实保障当地常住人口享有基本公共文化服务所需资金。中央和省级财政通过转移支付对老少边穷地区基本公共文化服务保障资金予以补助，同时，对绩效评价结果优良的地区予以奖励。县级以上各级政府安排资金，面向社会力量购买公共文化服务。"

《中华人民共和国公共文化服务保障法》的出台，对公共文化服务所涵盖的内容和相关职责进行了明确规定。该法规定公共文化服务不仅包含文化产品和文化服务活动，还要涵盖文化政策服务和文化市场监管服务。作为政府公共服务的重要内容，公共文化服务要包含提供文化服务的基础设施、资源以及人才、资金、技术和政策保障机制等方面的内容。人类社会是在不断发展进步的，公共文化产品和服务的内容也是随着社会发展在不断更新和改变的。因此，公共文化服务是具有动态性和区域性的，其提供的公共产品内容和服务质量是不断变化发展的。

三　对少数民族村镇广电公共服务研究的启示

明确公共文化服务概念和梳理我国公共文化服务现状，可以为我们研究少数民族村镇广电公共服务提供有益的启示，具体包括以下这些方面：

第一，公共文化服务概念的界定给少数民族村镇广电服务提出了一些硬性要求。公共文化服务的提供者是政府部门或准政府部门，这规定了政府在完善少数民族村镇广电服务这项任务中有不可推卸的责任和义务。出于利润等商业考虑而不为少数民族村镇提供基本的广电服务是不可取、甚至是不允许的。公共文化服务的对象是全体社会公众，这就要求政府或者准政府部门为所有的民族提供广电服务，不管民众的收入、身体状况和心智状况如何。目前，少数民族村镇广电传输服务不能令人满意的一个重要原因是提供服务的准政府部门强调项目的利润，削弱了少数民族村镇广电服务的公益性。因而，当地广电服务无论在为民众提供的服务机会、内容或质量上都打了折扣。由此，民众文化生活水平的提高受到了影响，导致一些民族村镇民众的基本文化需求没有得到保障。公共文化服务概念在研究少数民族村镇广电服务时，具有指导性的作用。

第二，明确我国公共文化服务现状，为我们研究少数民族村镇广电服务提供了参考的对象和学习的样板。比如，前面提到中央政府和各级地方政府对公共文化服务的财政拨款越来越多，参照这种做法，在为少数民族村镇提供广电服务的时候，当地政府也应该起到带头和示范的作用，扮演主要角色。

第三，为政府相关部门制订少数民族地区公共文化服务政策或法规提供参考。前面阐述我国公共文化服务的时候，介绍了国家出台的许多相关的法规。这些法规为本研究提供了政策的保障，同时，这些法规也是对完善少数民族村镇广电传输服务的要求，是本研究重要的依据。

第四，梳理我国公共文化服务还可以为解决少数民族村镇广电服务存在的问题提供解决方法上的参考。比如《中华人民共和国公共文化服务保障法》明确了政府在提供公共文化服务（包括广电服务）中应该扮演主要角色。要提供完善的广电服务，还需像提供公共文化服务那样推进多角度、全方位的措施：服务产品、服务活动、相关的政策服务（宣传）、服务监管、基础设施、资源、人才、资金、技术和政策保障机制，等等。考虑到公共文化服务的动态性和区域性，民族村镇广电传输服务也需与时俱进并根据当地的实际情况加以推进。

第四节　公共服务均等化研究

研究少数民族村镇广电传输的一个重要原因是相比于服务完善的地方，少数民族村镇的广电传输服务（特别是服务内涵）是相对落后的。而公共服务均等化则要求为少数民族村镇提供与发达地区相同或至少大致相同的广电传输服务。这样一来，公共服务均等化研究成果，就成了本研究核心的理论支撑。

一　国外研究

每一个学术概念的出现，都有其产生的社会基础和历史条件。公共服务在西方世界起步较早，发展也较成熟。但公共服务的不平衡状况在西方同样存在。公共服务是现代社会不断探讨、不断发展、不断完善的工作和责任。国外对于公共服务均等化的研究，主要有以下几个层面：

（一）在哲学、政治学层面对于公正、公平的讨论，成为公共服务公平的思想基础

在西方国家，公民享受基本均等的公共服务被认为是天经地义的、公民与生俱来的权利。亚当·斯密较早提出了公共服务公平性供给的问题。他在《国富论》中提出：政府的职能之一，是从事某些公共工作，设立某些公共设施，因为这些工作与设施由于一直亏损，个人不愿意承担；他还论述了公共服务的公平性等问题，认为公平地提供公共服务是国家的义务与职责。①

20 世纪著名的政治哲学家罗尔斯首次将理性原则用于对公共事务问题的思考。他在《正义论》中指出"正义是社会制度的首要价值"，并通过两大正义原则阐述了他的公平正义思想：第一正义原则即平等自由原则，第二正义原则为差异原则；在强调尊重个人权利和自由的同时，主张用国家的再分配来尽量达到平等，而且无差异的安排应该遵循"使最不利者获得最大利益"原则。该正义观不仅强调起点和机会的平等，而且强调结果的平等。这种思想对于后来探讨公共服务、公共财政理论问题具有重要的影响。

在罗尔斯正义原则的基础上，德沃金提出了"平等待遇"和"资源平等说"。其所理解的平等是一种基本自由权利平等，是个人要求治理者平等关怀和尊重的权利，即"平等待遇"。他的平等理论主要依赖于两个原则：重要性平等的原则、具体责任原则。与罗尔斯不同，德沃金在资源分配中考虑了个人的自然禀赋和志向的选择。②

（二）对于财政分权及财政均等化的论述成为公共服务均等的经济基础

在地区差异普遍存在的前提下，财政均衡问题引起了研究人员的

---

① 徐小青：《中国农村公共服务》，中国发展出版社 2002 年版，第 1 页。

② 孙玉妮：《基本公共服务均等化问题研究综述》，《辽宁行政学院学报》2010 年第 12 期。

关注。一些国外学者从财政均等化角度来研究基本公共服务均等化问题。较早的有布钦南提出的基于效率与公平的原则：财政政策应致力于使每个处于平等地位的人都得到平等的财政对待，通过地区间财政转移支付实现财政均衡。① 沙安文总结了世界范围内财政转移支付的主要做法，并从制度经济学视角对评估均等化转移支付的制度安排进行了分析和评价，指出发展中国家因缺乏明确的均衡标准而患上"转移支付依赖症"②。赵志荣从中美比较分析的视角，利用 1978—2006 年的数据，分析了中国的财政分权和省级间的财政不均等。③

美国经济学家罗纳德·科斯（Ronald H. Coase）对 17 世纪英国航道灯塔的投资及管理方面的调查研究（经济学上称为"科斯的灯塔"即"The Light'house in Economics"）从产权制度的角度第一次清晰地提供了解决公共服务的投资和经营方面的思路。特里奇通过运用数理模型从理论上提出这样一个问题：由于中央政府比地方政府更加远离居民，存在着中央政府错误认识居民对公共服务的消费偏好，并错误地将自己的偏好强加于全民头上的可能性，所以导致政府提供的公共服务偏离最优。④

2000 年以后的新公共服务理论，在强调民主权和服务理念的基础上，主张通过政府、私人、非营利机构的合作治理为公民提供更好的公共服务。

二 国内研究

我国古代的思想家、政治家，已经意识到均等原则的重要性。在

---

① 参见［美］詹姆斯·M. 布坎南《民主财政论——财政制度和个人选择》，穆怀鹏译，商务印书馆 1993 年版。

② 沙安文、沈春丽：《完善财政转移支付制度实现社会和谐均衡发展》，《光华财税年刊（2008—2009）》，第 52—73 页。

③ 赵志荣：《中国财政改革与各省财政能力不均衡：回顾、分析和建议》，《公共财政评论》2009 年第 2 期。

④ Richard W. Tresch, *Public Finance: A Normative Theory*, New York: Acdemic Press, 2002.

《晏子春秋·内篇问上》中晏婴在回答齐景公"古之盛君"的行为准则时说："其取财也，权有无，均贫富，不以养嗜欲。"《论语·季氏篇》指出："不患寡而患不均，不患贫而患不安。"这里的"均"，有均等的意思，但不是简单平均，而是各得其分，是在公正的分配制度下得到自己应得的份额。这是我国古代政治思想家和理财家提出的有关均衡社会财富分配的政治理想，这种认识在几千年的发展过程中，产生了较大影响。

从国家发展战略层面看，作为国家政策目标提出"公共服务均等化"的概念，我国是首创。2005年，在党的十六届五中全会上通过的《中共中央关于制定国民经济和社会发展第十一个五年规划的建议》中，首次提出"按照公共服务均等化原则，加大对欠发达地区的支持力度，加快革命老区、民族地区、边疆地区和贫困地区经济社会发展"。这个思想是对党在十六届四中全会提出的"坚持以人为本、全面协调可持续发展的科学发展观，推动经济社会统筹发展；强调重视扩大就业再就业和健全社会保障体系；重视发展教育、科技、文化、卫生、体育等各项社会事业"的进一步深化。2006年，在党的十六届六中全会上，通过了《中共中央关于构建社会主义和谐社会若干重大问题的决定》，确定了2020年构建和谐社会的目标和主要任务，其中包括"基本公共服务体系更加完备，政府管理和服务水平有较大提高"，提出逐步形成惠及全民的基本公共服务体系，同时提出把"建设服务型政府"作为重要内容。随后，党的十七大报告中指出，"缩小区域发展差距，必须注重实现基本公共服务均等化，引导生产要素跨区域合理流动"；要"围绕推进基本公共服务均等化和主体功能区建设，完善公共财政体系"。2008年，胡锦涛同志讲话指出：基本公共服务均等化，是公共服务体系建设的长远目标，也是服务型政府建设的重要价值追求，但也需要逐步实现。应围绕逐步实现基本公共服务均等化的目标，协调处理好公共服务的覆盖面、保障和供给水平、政府财政能力三者间关系。党的十八大报告强调，2020年总体实现我国基本公共服务均等化。国务院《"十三五"推进基本公共服务均等化规划》指出，国家基本公共服务制度紧扣以人为本，围绕从出生到死亡各个阶段和不同领域，以涵盖教育、劳动就业创业、社会保险、医疗卫生、社会服务、住房保障、文化体育等领域的基本公共服务清单为核心。国家的大政方针，对学界、理论界产生了较大影响，带动了相关问题的学术研究和探讨。很多学者也就基本公共服务均等化的概念、现状、质量与评估等方面进行了广泛研究。

从政府管理角度对于公共服务均等化的研究始于 2000 年前后，近年来有了较多成果，主要侧重于以下几个方面：

（一）概念及内涵研究

从资料看，项中新较早研究公共服务均等化问题，他主要将视角定位在地区间公共服务均等化方面。[①] 较早对于公共服务均等化概念进行论述的是江明融。他提出"公共服务均等化"一词是由"公共服务"和"均等化"两个词语组成的。该词成为我国理论界和实践部门根据我国政府公共服务地区间、城乡间供给不均等的现状而提出的目标性词汇。江明融将公共服务均等化界定为：政府及其公共财政要为不同利益集团、不同经济成分或不同社会阶层提供一视同仁的公共产品与服务，具体包括公共服务供给收益分享、成本分担、财力均衡等方面内容。[②] 常修泽认为实行基本公共服务均等化，是体现以人为本和弥补市场公共品供给失灵的重要制度安排，是缓解社会矛盾的现实需要，是构建社会主义和谐社会的内在要求。

均等化应该包含三个方面的均等，即机会均等，结果大体相等，尊重社会成员的自由选择权。[③] 贾康认为，公共服务均等化是分层次分阶段的动态过程，成熟的公共服务均等化状态表现为不同区域、城乡之间、居民个人之间享受的基本公共服务水平一致；当前我国应首先将工作重点定位于实现区域公共服务均等化，同时加快城乡公共服

① 项中新：《均等化：基础理念与制度安排》，中国经济出版社 2000 年版。
② 江明融：《公共服务均等化论略》，《中南财经政法大学学报》2006 年第 3 期。
③ 常修泽：《逐步实现基本公共服务均等化》，《人民日报》2007 年 1 月 31 日第 9 版。

务均等化，兼及居民公共服务均等化。①马国贤把基本公共服务均等化在各国的做法总结为人均财力的均等化，公共服务均等化及公共服务最低公平等三种模式；他认为公共服务均等化及公共服务最低公平是适合我国状况的模式。②丁元竹认为，根据国际经验，基本公共服务均等化的基础和基本实现手段是财政能力的均等化。③

公共服务均等化基本内涵包括：第一，全体公民享有基本公共服务的机会应该均等；第二，全体公民享有基本公共服务的结果应该大体相等；第三，在提供大体均等的基本公共服务的过程中，尊重社会成员的自由选择权。公共服务由政府供给，公民有需求权利，均等化体现为机会均等、结果均等、财务均等、最低标准等。

（二）公共服务不均等现状研究

第一是城乡差异。城乡二元结构、城乡二元经济社会体制和城市偏向型的公共服务供给制度，导致了我国城乡间的公共服务供给的不均等。刘成奎、王朝才基于综合评价法指出全国城乡基本公共服务均等化水平总体上呈上升趋势，但与城乡基本公共服务均等化目标相去甚远。韩增林等从教育、文化、医疗卫生、基础设施、社会保障和信息化服务六个方面比较了城乡基本公共服务均等化。吴根平认为，城乡发展的不平衡，除由经济不均衡发展引起的城乡收入分配差距拉大外，还在于农村基本公共服务的严重短缺。也就是说，城乡基本公共服务不均等化依旧是亟待解决的重要问题之一。

第二是地区差异。地区经济发展不平衡造成公共服务非均等化。常忠哲、丁文广以社会保障为代表因素分析认为，区域间的社会保障水平差异明显，且东部最高、西部次之、中部最低。④马慧强通过对我国286个地级以上城市（除拉萨外）进行的系统研究，得出我国基本公

---

①　贾康、阎坤：《完善省以下财政体制改革的中长期思考》，《管理世界》2005年第8期。
②　马国贤：《基本公共服务均等化的公共财政政策研究》，《财政研究》2007年第10期。
③　丁元竹：《我国基本公共服务均等化过程中标准建设问题》，《甘肃理论学刊》2008年第5期。
④　常忠哲、丁文广：《基于PSR模型的社会保障基本公共服务均等化水平研究》，《广西社会科学》2015年第12期。

共服务质量水平总体不高、空间差异明显且围绕城市呈"群"状分布的结论。[①] 罗哲以基本公共教育服务为例分析了区域间基本公共教育服务差距现状。郁建兴认为，财力相对丰厚的经济发达地区，提供基本公共服务的水平和能力相对较高，这也因此造成基本公共服务水平的区域性差距不可避免。近年来，以缩小区域差距为目标的基本公共服务均等化进程明显加快，但基本公共服务在区域间仍存在显著差距。研究表明，中西部基本公共服务整体水平大幅度低于东部。

第三是群体差异。胡仙芝认为，即使进入社会主义市场经济，单位体制逐渐解体，很多地区生产生活逐步社会化、社区化，"但这种以身份为基础来划分确定所享有的权利、待遇及服务的体制还是基本没有变"，不同社会身份、不同群体间的基本公共服务分配差距始终存在，弱势群体尤为显著。孙德超、毛素杰以占弱势群体比重最高的农民工群体为例，通过其就业、社会保障、子女义务教育、基本医疗卫生4个方面来探讨农民工群体享有的基本公共服务水平，得出农民工群体享有的基本公共服务远低于城镇职工的结论。也就是说，我国现阶段基本公共服务的有限普及性，使得大部分贫困群体、农村居民、灵活就业人员和转移劳动力处于基本公共服务的边缘化地带。

第四是财政投入差异。大多学者认为，基本公共服务的财力保障不均等主要表现在两方面：从政府财力保障的纵向和横向不同截面来探讨此问题。从纵向上看，不同级次间政府用于基本公共服务的财政投入与实际财政能力成反比——地方政府承担了大多数的基本公共服务支出。从横向上看，各省市间基本公共服务的财政保障与经济水平趋同，呈现"富则多，穷则少"的特征。

第五是使用效率的差异。对于政府而言，基本公共服务均等化相当于支出财力的均等。但对于公众来说，则意味着全国不同地方不同阶层的社会公民享受到的基本公共服务是不均等的。也就是说，即便

---

① 马慧强：《我国基本公共服务空间差异格局与质量特征分析》，硕士学位论文，辽宁师范大学，2011年。

各地财政支出均等，但由于使用效率的不同，也会导致完全不同水平的基本公共服务。

（三）公共服务均等化衡量标准研究

1. 确立均等化衡量标准的原则

明确了谁与谁均等，对什么进行均等，就需要进一步明确根据什么标准实施均等化，确立基本公共服务均等化衡量指标的设计原则。为此，孙庆国提出了四项原则：（1）系统性原则。以增加公共服务指标在政府绩效评估指标体系中的权重系统；（2）重点突出原则。运用关键绩效指标法（KPI），针对人民群众最关心、最迫切、最需要解决的问题来设计主要衡量指标；（3）科学性与可操作性相结合原则。既要考虑方法的科学性，又要考虑指标和数据的权威性、可得性和可操作性；（4）公众导向原则。把公众满意度作为一个衡量指标，并且逐步加大这一指标的权重系数。

2. 均等化衡量指标内容

从实证研究的角度，研究人员注意到了基本公共服务均等化实施效果的评估及判断研究。陈昌盛提出基本公共服务均等化的衡量标准，认为短期内我国基本公共服务均等化测度的指标应该放在"投入"类指标上，同时加快完善相关程序控制措施，确保公共资源的投向和利用效率。[①] 张帆提出了公共服务均等化的衡量指标体系，包括：（1）公共服务均等化基础性指标，包括绝对指标（如收入分配的分析）、衍生指标（如基本公共服务均衡度）、相对指标（如离散系数、基尼系数和极差率）等；（2）公共服务均等化程度评价性指标（包括公共服务的投入、产出到社会效用的效果）。[②] 陈全功在论述民族地区的基本公共服务均等化现状水平的衡量时提出，衡量"均等化"首先就是衡量"不均等化"状况；然后在此基础上，考虑如何衡量其动态变化过程；可以按照不同的角度和指标对每一种基本公共服务的全

---

① 陈昌盛：《公共财政支持农业保险发展的途径、标准与规模》，《保险研究》2007年第6期。

② 张帆：《基本公共服务均等化衡量指标分析》，《财政监督》2011年第7期。

国水平和所考察特定区域的水平分别加以衡量。①

3. 公共服务均等化衡量实证研究（分类指标的具体内涵）

陈昌盛提出：由于受政府财力、能力和市场发育程度等综合因素的限制，政府不可能对所有类别的公共服务和各类公共服务的所有项目都全面实施均等化；所以需要在均等化推进过程中区分出轻重缓急，确立行动的优先顺序。② 从现有成果来看，对于基础教育、公共卫生和社会保障方面的研究较多；对于公共安全、基础设施和环境保护方面的研究次之；而对于文化娱乐、广播电视公共服务均等化研究的成果较少。目前其他一些领域的研究，如城乡养老服务均等化的实证研究、医疗服务均等化研究、就业服务均等化研究、公共体育服务均等化、残疾人基本服务均等化实证研究、文法服务均等化实证研究也开始进入学者们视野。

公共服务均等化是提高和完善少数民族村镇广电传输服务的根本理论依据。考虑到少数民族村镇相对落后的广电传输服务，公共服务均等化的相关理论都要求进一步提高少数民族村镇广电传输服务的质量。在后文的论述中，公共服务均等化的相关理论会经常被用来支撑我们的有关观点；公共服务均等化的原则、指标和分类指标的具体内涵，将被用来指导我们采取举措提高和完善少数民族村镇的广电传输服务。

第五节　社会福利、文化福利及文化权利

社会福利、文化福利和文化权利的相关理论，可以进一步为我们的研究提供理论支撑，加强我们研究的合理性和举措的必要性。

一　社会福利相关理论

（一）国外研究——社会福利视角下的需要理论

社会福利制度是为了满足人类需要而存在的。在国外，社会福利相

① 陈全功、程蹊：《民族地区的基本公共服务均等化：涵义、现状水平的衡量》，《中南民族大学学报》2008 年第 9 期。

② 陈昌盛：《基本公共服务均等化：中国行动路线图》，《财会研究》2008 年第 2 期。

关理论具有代表性的主要有从社会福利目标定位角度来研究的社会需要理论。马克思认为需要是人的本质属性。人和动物最根本的区别在于对需要的满足方式不同，人的需要具有社会性。对于社会需要的内容界定，埃费从提供社会福利服务、进行社会调查和制定社会政策的三方面对从业者所提供的资料进行了一次关于社会需要的评估，进而发展成为社会需要的内容。弗莱认为社会需要可以在与需求的比较中进行界定，社会福利视角下的社会需要是社会中生活的人在其生命过程中的一种缺乏状态，基本需要如果不能满足，这种缺乏状态将损害人生命意义。①马斯洛②、步瑞德山③、泰勒·古比④、多伊和高夫⑤将社会需要类型化来讨论其内容。马斯洛提出需求层次理论，按照一定的层次把人类需要分为了五类，从低到高分别为生理需求、安全需求、社交需求、尊重需求和自我实现需求。⑥步瑞德山则把需要分成了四种类型，包括个人强调其表达感觉到的需要、用行动来满足需求的表达性需要、通过相似研究比较得来的需要和由社会工作者或者社会科学研究人员根据研究所界定的最低需要标准而定的规范性需要。⑦泰勒·古比以社会福利制度为背景将需要分为终极需要、中介需要和个人需要。多伊和高夫则从社会福利的视角将需要分为基本需要和中介需要。吉尔⑧和斯皮克⑨强调社会福利是由国家来进行安排运作的，通过社会

　　① Flew, G. N., 1977, *Wants or Needs*, *Choices or Commands*, In Fitzgerald, R. ed. *Human Needs and Politics*, Rushcutters Bay, N. S. W. ：Pergamon Press（Australia）.

　　② Maslow, A. H., 1970, *Motivation and Personality*, New York：Harper & Row, Puklisher, Inc. .

　　③ Bradshaw, J., 1972, *The Taxonomy of Social Need*, New Society, 496.

　　④ Taylor-Gooby, P., 1981, *Social Theory and Social Welfare*, London：Edward Arnolol.

　　⑤ Doyal, L. & Gough, I., 1991, *A Theory of Human Need*, Basingstoke：Macmillan.

　　⑥ Maslow, A. H., 1970, *Motivation and Personality*, New York：Harper & Row, Puklisher, Inc. .

　　⑦ Bradshaw, J., 1972, *The Taxonomy of Social Need*, New Society, 496.

　　⑧ Gil, D. G., 1992, *Unraveling Socail Policy：Theory, Analysis and Political Action Towards Social Equality*, Vermont：Schenkman Books.

　　⑨ Spicker, P., 1995, *Social Policy：Themes and Approach*, London, New York：Prentice Hall/Harverter Wheatsheaf.

福利这个制度性手段提供社会需要的满足，其目标就是通过三种途径来满足社会成员的需要：一是增强社会成员的能力，通过能力建设的社会福利行动项目，实现社会成员社会需要的满足；二是促进社会经济的发展，减少社会生活的障碍，维护社会成员的公平公正的权利，提高社会需要的满足程度；三是通过建立社会福利制度为需要帮助的弱势群体提供他们所缺乏的社会资源。[1]

（二）国内社会福利的相关研究

国内相关研究表明，从中国社会福利发展来看，中国福利理论与政策研究历史发展阶段分为社会主义福利、集体化福利、批判福利主义、社会学化福利、社会保障和社会福利阶段；[2] 中国社会福利制度发展基本可以划为发轫期、发展期、快速发展期和重大转型期；[3] 而"福利恐惧症""社会福利社会责任论""社会福利可替代论"等对社会福利事业的错误理解，导致了中国社会福利事业发展严重的落后不前，并构成了整个社会保障体系建设中的短板。[4] 对于中国社会福利的目标定位，刘继同认为，我国的社会福利与公共服务水平需要由一开始解决贫困和温饱问题、维持基本生存条件提高到改善人民群众的生活状况和社会关系，提高社会成员能力和水平，培育他们的精神心理健康，从而由最初的物质福利演变升华到非物质福利的层次；[5] 尤其是在中国社会发展转型到经济建设与社会建设并重的过程中，现阶段，我们对于社会福利目标定位需要从当初的国家为本转型到需要为本，在以社会成员需求性的前提下，中国社会福利体系要从需要满足目标群体、需要满足的行动协调原则、需要满足的生产和提供部门发

① 彭华民：《论需要为本的中国社会福利转型的目标定位》，《南开大学学报》（哲学社会科学版）2010 年第 7 期。

② 刘继同：《生活质量与需要满足：五十年来中国社会福利研究概述》，《云南社会科学》2003 年第 1 期。

③ 彭华民、齐麟：《中国社会福利制度发展与转型：一个制度主义分析》，《福建论坛》（人文社会科学版）2011 年第 10 期。

④ 郑功成：《中国社会福利的现状与发展取向》，《中国人民大学学报》2013 年第 2 期。

⑤ 刘继同：《国家与社会：社会福利体系结构性变迁规律与制度框架特征》，《社会科学研究》2006 年第 5 期。

展、需要满足目标定位的具体内容、需要满足物（福利提供）内容、需要为本的社会福利政策等方面进行发展创新，转型到适度普惠型社会福利，促进和谐社会的发展。[①]

　　而对于少数民族地区的社会福利建设，李文祥在对剌尔滨鄂伦春族个案的研究中，探索少数民族福利政策在社会保障体系中的统筹问题。[②] 盛琳通过对湖南省少数民族地区农村社会福利制度建设状况的调研，分析了少数民族地区农村社会福利制度建设存在的主要问题，为少数民族地区福利制度的建设提供了一定的参考依据。[③]

二　文化福利的历史渊源

　　雅典政治家伯利克里认为，人要获得幸福，首要获得政治上和精神上的自由。他主张："国家的政权和制度要创造条件，减少公民的紧张感、压抑感、劳累感和痛苦感，让人感受到更多的精神自由、以达到愉快轻松的生活目的。"[④] "为了使人们能够得到精神上的享受，伯利克里大力推行戏剧、雕塑事业。在每年举行两次的戏剧节中，他为了让生活贫困的人也能够参加戏剧活动，给每个观剧者发放观剧补贴。在雅典城中的一些建筑物上，雕刻着各种精美的石像和图案，街道两旁种植了大量的树木和花草，整个雅典城给人以秀美和谐的环境，生活在这里的人们能够享受到至高无穷的精神乐趣。"[⑤] 可以看出，伯利克里对人民精神生活的关注及采取的保障手段是文化福利发展的萌芽。

　　德国旧历史学派代表人物威廉·罗雪尔指出"精神文化福利是国民教育和教会制度各种措施的目的……大规模的建筑物的修建和改

---

①　彭华民：《论需要为本的中国社会福利转型的目标定位》，《南开大学学报》（哲学社会科学版）2010 年第 7 期。

②　李文祥：《我国少数民族农村地区的社会保障统筹研究——以剌尔滨鄂伦春族为例》，《社会科学战线》2010 年第 2 期。

③　盛琳：《构建民族地区新型农村社会福利制度的思考》，《民族论坛》（学术版）2011 年第 9 期。

④　冯俊科：《西方幸福论——从卢梭到费尔巴哈》，中华书局 2011 年版，第 53 页。

⑤　冯俊科：《西方幸福论——从卢梭到费尔巴哈》，中华书局 2011 年版，第 53 页。

造，包括铺设道路、修筑灌溉和排水系统、拓宽街道和修建广场等基础设施和民用设施。"① 这说明教育和宗教已经成为文化福利供给的途径。文化多元主义的理念与政策在欧美国家的推进，我国少数民族传统文化的宣传、保护与传承，都是对各民族文化价值和文化身份的肯定，也可以被认为是文化福利的一种体现。②

目前，文化福利缺少清晰的内涵界定，学界对其与社会救助、社会保险彼此间的关系及异同点缺乏系统的梳理，同时政府部门在实际工作中也没有全面清晰的认定。故导致在对文化福利的内涵认识、现实供给、经费投入等都具有随意性和不确定性，这也是文化福利发展水平低下的重要原因。

三　文化权利相关理论

文化福利是公民权利的一种，即可以从文化权利的相关角度进行探索研究文化福利的内容。

在联合国《世界人权宣言》和《经济、社会、文化权利国际公约》中对于文化权利做出了具体的规定。《德黑兰宣言》（1968）、《关于人权新概念的决议》（1977）以及《维也纳宣言和行动纲领》（1993）都指出文化权利是一项基本人权。③

文化权利的内容有广义与狭义之分。广义上的文化权利是指与经济、社会权利相并列的一项基本权利，它包括文化参与权、文化消费权、文化创造权和文化成果保护权等④；狭义上的文化权利往往是指一个民族保持、改革和发展与其他民族相区别的文化的权利。⑤

---

① ［德］威廉·罗雪尔：《历史方法的国民经济学讲义大纲》，朱绍文译，商务印书馆1981年版，第174页。
② 李艳华：《城市化转型中的昆明沙朗白族社区老年文化福利发展研究》，博士学位论文，云南大学，2016年。
③ 司马俊莲：《论少数民族文化权利与国家义务》，《太平洋学报》2009年第3期。
④ 邢鸿飞、杨婧：《文化遗产权利的公益透视》，《河北法学》2005年第4期。
⑤ 张钧：《文化权律保护研究——少数民族地区旅游开发中的文化权保护》，《思想战线》2005年第4期。

对于少数民族文化权利的探讨，不同学者有着不同的观点，但是其对于文化权利的定义，对于少数民族地区文化福利来说都有着一定的借鉴意义。少数民族群众享有自己文化的权利，是少数民族权利的基本内容之一。我们称为民族文化权，它是指多民族国家或国际社会通过国内立法或国际约法的形式确认和保障少数民族权利主体，按照自己的民族文化方式生活、学习、工作的权利①；也有学者（如翟东堂）认为少数族群文化权利应该包括：接近主流语言和文化的充分渠道、拥有不同风俗和生活方式的权利、教育上的平等权利、保留本群体语言和文化的权利、文化间和国际交流的权利；少数民族文化权利是少数民族人权最基本的内容之一，是自然的，不可让渡的权利；他们从少数民族文化权利的外延做出的界定认为文化权利包括：文学艺术权利、少数民族用品权利、饮食和服饰权利、语言文字权利、历史遗址和文化的权利、新闻出版权利、少数民族建筑风格权利传统体育权利、节日权利等其他权利。

本章小结

本章前两节在界定四个重要概念之后，梳理了少数民族村镇广电传播研究现状。本章第三节讨论了我国公共文化服务现状和有待完善的地方。这一节至少有以下几个作用：公共文化服务现状可以作为一个参照物来显示民族村镇广电服务的水平和质量是否达到了令人满意的程度；而公共文化服务不足的地方，也可以作为参照启发我们找出少数民族村镇广电服务的不足之处。本章第四节较为详细地梳理了国内外有关公共服务均等化的研究和理论。对照后文整理出的少数民族村镇广电服务的现状，公共服务均等化研究及其理论有以下作用：一是对提升少数民族村镇广电方法提出了明确的要

---

① 单孝虹：《试论我国少数民族文化权利保障与社会主义和谐社会的构建》，《理论与改革》2005 年第 9 期。

求；二是为这种提升提供了方向；三是提供了方法上的参考。本章第五节讨论的社会福利、文化福利及文化权利作为本研究辅助的理论背景，也有类似于公共文化服务均等化研究和理论的上述功能。总体而言，本章是为后面的论述做铺垫的：梳理少数民族村镇广电研究现状，明确其不足和可以完善的地方，并为后面的研究提供必要和主要的理论背景。

第二章 民族村镇广电公共服务现状和需求分析

　　为了真实地了解少数民族地区广电服务的现状和需求，课题组先后对贵州省贵阳市花溪区石板镇、贵州省黔东南苗族侗族自治州丹寨县、贵阳市花溪区高坡乡进行了实地调研。课题组对广电服务以及文化需求的分析主要以调查所获得的数据为依据。我们根据距离县城的远近、不同的民族文化特色确定了样本，进行了抽样调查及入户深访。实地调查后的梳理发现，丹寨县的数据最有代表性。因而，下面分析的时候，主要引用丹寨县的数据。高坡乡的一些数据也具有代表性，因而，这些数据在分析过程中也会被引用。本章第一节先从更为广泛的语境——公共文化服务的视角讨论贵州少数民族村镇的现状，指出现存问题；第二节缩小范围，对少数民族村镇广电收视现状加以剖析，明确现有未能满足的需求；第三节梳理少数民族传播形态与发展，旨在为现有公共文化服务和广电传输提供参考：公共文化服务或广电服务的完善，有必要结合少数民族传播的形态并考虑其可能的发展趋势；第四节从较为具体的角度整理丹寨县教育现状、少数民族地区文化传承服务现状和少数民族地区文化需求，旨在明确公共文化服务和广电传输在这三个领域的缺陷，使后文在提出完善公共文化服务和广电传输的方法时更有针对性。

第一节 贵州省少数民族村镇公共文化服务情况分析

　　贵州位于中国西南的东南部，辖 6 个地级市、3 个自治州，共有 88 个县（市、区、特区），土地面积 17.6 万平方公里。其中少数民族自治地区土地面积 9.78 万平方公里，占全省土地面积的 55.5%。全省有 3 个民族自治州、11 个民族自治县，地级行政区划单位占全省的 30%，县级行政区划单位 46 个，占全省的 52.3%；还有 253 个民族乡。①

　　贵州省是一个多民族省份，2022 年末常住人口 3856.21 万人。根据第七次人口普查数据贵州省少数民族总人口 1405.03 万人，占全省总人口的 36.44%。其中人口超过 10 万人的少数民族有苗族（450.69 万）、布依族（271.06 万）、侗族（165.09 万）、土家族（169.67 万）、彝族（95.93 万）、仡佬族（55.03 万）、水族（37.14 万）、白族（21.48 万）和回族（20.50 万）。② 全省共有少数民族 56 个，世居的民族有 18 个。其中人口超过 10 万人的少数民族有苗族（396.84 万）、布依族（251.06 万）、侗族（142.19 万）、土家族（143.70 万）、彝族（83.45 万人）、仡佬族（49.52 万）、水族（34.87 万）、白族（17.95 万）和回族（18.48 万）。③ 多民族的文化构成造就了贵州多元的民族文化，贵州的文化政策也为少数民族地区文化服务的构建提供了一定借鉴价值。

一 丹寨县情况调查和分析

　　丹寨县位于贵州省东南部，黔东南苗族侗族自治州西部，土地

---

　　① 《贵州统计年鉴》（2022），https://hgk.guizhou.gov.cn/publish/tj/2022/zk/index-ce.htm，2024 年 6 月 6 日。
　　② 《贵州统计年鉴》（2022），https://hgk.guizhou.gov.cn/publish/tj/2022/zk/index-ce.htm，2024 年 6 月 6 日。
　　③ 《贵州统计年鉴》（2022），https://hgk.guizhou.gov.cn/publish/tj/2022/zk/index-ce.htm，2024 年 6 月 6 日。

总面积937.7平方公里。2024年全县辖4镇2乡1街道，122个村（居、社区）。年末全县总人口17.9万人，其中少数民族人口16.05万人，占全县总人口的89.69%。① 丹寨县是典型的少数民族聚居地区，在少数民族公共文化建设、教育文化发展方面能够反映出少数民族地区群众的基本现状与需求；且丹寨是"全国最具民族风情县""非遗之乡"，以苗族锦鸡舞、苗族蜡染技艺等为代表的7个项目被列为国家级非物质文化遗产，以苗族舞蹈、苗族婚姻习俗、苗族历法等为代表的15个项目列为省级非物质文化遗产保护名录。丹寨县实施的民族文化传承与保护政策，在大力开展原生态民族文化的挖掘和传承上具有一定的代表性。选取丹寨县为例，对于少数民族地区文化服务研究有一定的代表意义。下面先介绍一下调查对象，其他部分内容说明丹寨县情况，然后基于实地调查数据对现状和问题加以说明。

（一）调查对象基本情况

本次调查对象年龄跨度大。最小的调查对象11岁，最大的82岁，平均年龄46.32岁。这样便于掌握不同年龄段民众消费公共文化服务的情况。丹寨县本次调查有效对象为143人。调查对象年龄分布情况见表2-1。

表2-1　　　　　　　　　　　描述统计

	最小值	最大值	平均值	标准差
年龄	11	82	46.32	18.183

我们从性别、民族、家庭状况、教育程度、工作类型、家庭收入来源和文娱支出角度对调查对象加以区分，见表2-2。

---

① 丹寨县人民政府网站，https://www.qdndz.gov.cn/zjdz/xzqh/，2024年5月18日。

表 2 - 2   情况统计

		性别	民族	家庭状况	教育程度	工作属于哪一种类型	家庭收入的主要来源	一年在文娱方面支出大概有多少
个案数	有效	141	143	122	144	142	140	138
	缺失	3	1	22	0	2	4	6

被调查对象以苗族为主,占所有调查对象的98.6%。侗族调查对象仅占 1.4%。家庭状况等参数的具体情况我们分别见表 2 - 3、表 2 - 4、表 2 - 5、表 2 - 6 和表 2 - 7。

从表 2 - 3 可以看到丹寨县少数民族家庭以三代同堂为主。加上他们拥有的电视数量限制(一般一个家庭只有一台电视),这造成不同年龄的人在收看节目上产生冲突,并给收视率带来负面影响。

表 2 - 3   家庭状况

		频率	百分比(%)	有效百分比(%)	累计百分比(%)
有效	三代同堂	101	70.1	82.8	82.8
	两代之家	20	13.9	16.4	99.2
		1	0.7	0.8	100.0
	总计	122	84.7	100.0	
缺失		0	22	15.3	
总计		144	100.0		

从表 2 - 4 可以看到,丹寨县民众受教育程度整体上相对较低。受教育程度的高低与文化公共服务的多个因素如收视的节目、收视率等相关。这在调查和分析结果里都将有所体现。

表2-4　　　　　　　　　　　　　　教育程度

		频率	百分比（％）	有效百分比（％）	累计百分比（％）
有效	没有受过正规教育	29	20.1	20.1	20.1
	小学	41	28.5	28.5	48.6
	初中	46	31.9	31.9	80.6
	高中/中专/技校	23	16.0	16.0	96.5
	大专	2	1.4	1.4	97.9
	大学本科及以上	3	2.1	2.1	100.0
	总计	144	100.0	100.0	

　　表2-5显示，调查对象从事多种职业，但人数分布很不均匀。其中从事农业工作的少数民族民众人数最多，占45.8％。不同工作性质的民众，其作息时间不同。这较为直接地决定了他们只能收听收看特定的广电节目。这种影响也会在广电收视和效果等有关方面体现出来。

表2-5　　　　　　　　　　　　　工作属于哪一种类型

		频率	百分比（％）	有效百分比（％）	累计百分比（％）
有效	种粮食/蔬菜	66	45.8	46.5	46.5
	养殖/农产品加工	20	13.9	14.1	60.6
	运输业/建筑业	2	1.4	1.4	62.0
	旅游服务业	2	1.4	1.4	63.4
	经商批发零售	8	5.6	5.6	69.0
	乡村干部/教师	3	2.1	2.1	71.1
	外出打工	6	4.2	4.2	75.4
	其他	35	24.3	24.6	100.0
	总计	142	98.7	100.0	
缺失	0	2	1.3		
	总计	144	100.0			

表2-6　　　　　　　　　　　家庭收入的主要来源

		频率	百分比（%）	有效百分比（%）	累计百分比（%）
有效	种粮食/蔬菜	61	42.4	43.6	43.6
	养殖/农产品加工	24	16.7	17.1	60.7
	运输业/建筑业	4	2.8	2.9	63.6
	旅游服务业	1	0.7	0.7	64.3
	经商批发零售业	9	6.3	6.4	70.7
	上班工资收入	2	1.4	1.4	72.1
	外出打工	19	13.2	13.6	85.7
	其他	20	13.9	14.3	100.0
	总计	140	97.4	100.0	
缺失	0	4	2.6		
总计		144	100.0		

来自不同行业收入的家庭，其收视广电节目的频率、时间（段）也存在差异，在文娱支出方面更是存在较大差异。

表2-7显示，文娱方面的支出与多方面因素（如家庭收入、公共文化服务的完善等）相关。

表2-7　　　　　　　　一年中在文娱方面的支出大概有多少

		频率	百分比（%）	有效百分比（%）	累计百分比（%）
有效	1000 元以下	104	72.2	75.4	75.4
	1000—1500 元	15	10.4	10.9	86.2
	1501—2500 元	7	4.9	5.1	91.3
	2501—4000 元	4	2.8	2.9	94.2
	4001—5000 元	1	0.7	0.7	94.9
	5001 元以上	7	4.9	5.1	100.0
	总计	138	95.8	100.0	
缺失	0	5	3.5		
	1	1	0.7		
	总计	6	4.2		
总计		144	100.0		

（二）少数民族地区公共文化服务基本现状

这里结合现有数据和调查数据，对少数民族地区公共文化服务的基本现状加以梳理。

公共文化服务具有全民参与的共享性和非营利性，其本质是一种非生产性文化形态。[①] 根据公共文化服务内涵，本书涉及的公共文化服务主要包括公共文化基础设施和公益性文化服务等方面。而少数民族根据其特殊的民族文化特点，提供的公共文化服务内容更应该满足少数民族民众特殊的，个性化的基本精神文化需求，以尊重和维护其基本的文化权利。

2012 年以来，丹寨县通过一系列强化基础设施建设的方式，先后投入近百万元着力改善县区民族公共文化基础设施（见图 2 - 1）。其中，通过修建芦笙堂、文化广场，购买古法造纸、民族刺绣等文化传承设备等方式，为少数民族群众提供了民族性的公共文化服务。

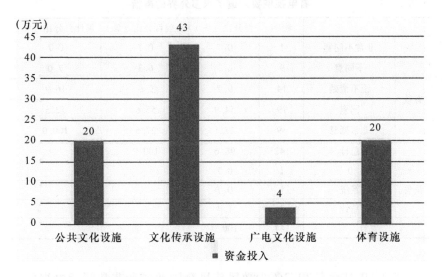

图 2 - 1　丹寨县 2012 年部分文化设施资金投入量（单位：万元）
数据来源：丹寨县文广局。

---

① 荣跃明：《公共文化的概念、形态和特征》，《毛泽东邓小平理论研究》2011 年第 3 期。

　　而根据网络数据统计，在文化图书建设方面，丹寨县全县现有在编文化馆 1 个、图书馆 1 个、艺术团 1 个、乡镇文化站 6 个、村文化室 167 个、农民文化家园 7 个，建成文化信息资源共享工程县级中心 1 个、乡镇服务网点 6 个、村级服务点 94 个。全县 161 个行政村全部配送农家书屋，共建设农家书屋 167 家，覆盖率达 100%；在广播电视建设方面，2013 年上半年，共完成村村通地面直播卫星接收站 1445 户，累计完成 2905 户建设任务；在文艺服务方面，建立了近 100 支文艺演出队伍，强化了公共文化活动载体，丰富了群众文化生活。① 这些数据表明丹寨县的现有资源从民族文化传承、民族文化传媒、民族文化服务等方面能基本满足少数民族地区群众的精神文化需求。我们实地调查所得到的数据，也基本证实了这个论证。如表 2 - 8 显示，有 83.1% 的少数民族观众同意或者非常同意电视使他们理解了很多外界的事情，电视扩宽了他们的视野。

表 2 - 8　　　　　　　　**看电视使我知道了很多外界的事情**

		频率	百分比（%）	有效百分比（%）	累计百分比（%）
有效	非常不同意	1	0.7	0.7	0.7
	不同意	9	6.3	6.3	7.0
	说不清楚	14	9.7	9.9	16.9
	同意	79	54.9	55.6	72.5
	非常同意	39	27.1	27.5	100.0
	总计	142	98.6	100.0	
缺失	0	1	0.7		
	系统	1	0.7		
	总计	2	1.4		
总计		144	100.0		

　　表 2 - 9 显示有 79.3% 少数民族民众同意或者非常同意电视可以帮助他们学习许多知识。

---

①　数据来源：丹寨县城市文明建设指导委员会办公室提供资料。

表2-9   **看电视可以帮助我学习许多知识**

		频率	百分比（%）	有效百分比（%）	累计百分比（%）
有效	不同意	14	9.7	10.0	10.0
	说不清楚	15	10.4	10.7	20.7
	同意	68	47.2	48.6	69.3
	非常同意	43	29.9	30.7	100.0
	总计	140	97.2	100.0	
缺失	0	3	2.1		
	系统	1	0.7		
	总计	4	2.8		
总计		144	100.0		

由表2-10可见65%的少数民族民众同意或者非常同意电视使他们有了谈论的话题。

表2-10   **看电视使我与别人有了谈论的话题**

		频率	百分比（%）	有效百分比（%）	累计百分比（%）
有效	非常不同意	3	2.1	2.1	2.1
	不同意	21	14.6	15.0	17.1
	说不清楚	25	17.4	17.9	35.0
	同意	64	44.4	45.7	80.7
	非常同意	27	18.8	19.3	100.0
	总计	140	97.2	100.0	
缺失	0	3	2.1		
	系统	1	0.7		
	总计	4	2.8		
总计		144	100.0		

由表2-11可知48.2%的少数民族民众同意或者非常同意他们的生活离不开电视。

表 2 - 11   我的生活离不开电视

		频率	百分比（%）	有效百分比（%）	累计百分比（%）
有效	非常不同意	13	9.0	9.4	9.4
	不同意	37	25.7	26.6	36.0
	说不清楚	22	15.3	15.8	51.8
	同意	43	29.9	30.9	82.7
	非常同意	24	16.7	17.3	100.0
	总计	139	96.5	100.0	
缺失	0	4	2.8		
	系统	1	0.7		
	总计	5	3.5		
总计		144	100.0		

表 2 - 12 表明 74.8% 的少数民族民众同意电视给他们带来了全新的生活观念和方式，给他们带来很大触动。

表 2 - 12   电视带来了全新的生活观念和生活方式，
                     给农村人带来很大触动

		频率	百分比（%）	有效百分比（%）	累计百分比（%）
有效	不同意	10	6.9	7.2	7.2
	说不清楚	25	17.4	18.0	25.2
	同意	77	53.5	55.4	80.6
	非常同意	27	18.8	19.4	100.0
	总计	139	96.5	100.0	
缺失	0	4	2.8		
	系统	1	0.7		
	总计	5	3.5		
总计		144	100.0		

表 2 - 13 显示大约有 30% 的少数民族民众在购买生活用品时会受到电视广告的影响。

表 2 - 13　　　　我购买家里的生活用品会根据电视广告的介绍

		频率	百分比（%）	有效百分比（%）	累计百分比（%）
有效	非常不同意	24	16.7	17.1	17.1
	不同意	51	35.4	36.4	53.6
	说不清楚	23	16.0	16.4	70.0
	同意	34	23.6	24.3	94.3
	非常同意	8	5.6	5.7	100.0
	总计	140	97.2	100.0	
缺失	0	3	2.1		
	系统	1	0.7		
	总计	4	2.8		
总计		144	100.0		

　　无论是现有的数据还是本课题实地调查所获得的数据都显示，丹寨县现有的公共广电服务已经在较大程度上满足了当地少数民族民众的需求。不过，上面的数据也显示，该县的公共广电服务还是有很大的提升余地的。结合其他相关数据可知，实际上该县的公共广电服务还是存在许多问题的。

　　（三）少数民族地区公共文化服务存在的问题

　　从我们的实地调查中发现，很多地区的文化站、村文化室、农家书屋等公共文化设施的利用率并不高，甚至很多居民不知道附近的文化设施有哪些，公益性文化演出次数少，影响力小，这也反映出民族地区公共文化服务建设的不足。上面在介绍基本现状的时候所采用的数据实际上已经隐含了一些问题，这里再结合其他更为直接的数据指出现有的问题。具体而言，少数民族村镇的文化公共服务存在以下问题：

1. 文化设施供给不均衡、存在很大的不足

从表 2 - 14 可以看出。

表 2 - 14　　　　　　　少数民族居住地附近文化设施统计

		响应		个案百分比（%）
		N（人）	百分比（%）	
你居住地附近有下列哪些文化设施	乡镇文化活动中心	30	6.0	20.8
	有线广播	139	27.8	96.5
	村级文化室	16	3.2	11.1
	村级文化活动器材	14	2.8	9.7
	有线电视	127	25.4	88.2
	农家书屋	29	5.8	20.1
	电影放映室或电影院	73	14.6	50.7
	戏台或戏楼	13	2.6	9.0
	公共阅览室	12	2.4	8.3
	老年活动室	33	6.6	22.9
	文化大院	3	0.6	2.1
	公共博物馆	11	2.2	7.6
总计		500	100	347.2

2. 存在的第二个问题是已经建设好的公共文化设施并没有完全投入使用

从表 2 - 15 可以看出经常使用而且能够达到丰富民众生活的文化设施仅占到 31.3% 左右。有 8.6% 的设施虽然经常使用，但形式单一，没能充分利用设施的使用价值。有 15.6% 的设施经常或偶尔被用于商业活动，这削弱了文化公共设施的公共服务功能。有 16.4% 的民族村镇没有公共文化设施。不清楚情况的占到 28.1%。后面这两种情况，公共文化服务功能完全缺失。用条形图来表示表 2 - 15 的内容，显得更为直观。见图 2 - 2。

表 2 − 15　　　　　　　你所在地的文化设施运转情况

		频率	百分比（%）	有效百分比（%）	累计百分比（%）
有效	经常使用，丰富民众生活	40	27.8	31.3	31.3
	经常使用，但形式单一	11	7.6	8.6	39.8
	经常作商业用途	9	6.3	7.0	46.9
	偶尔作商业用途	11	7.6	8.6	55.5
	没有公共文化设施	21	14.6	16.4	71.9
	不清楚	36	25.0	28.1	100.0
	总计	128	88.9	100.0	
缺失	0	16	11.1		
	总计	144	100.0		

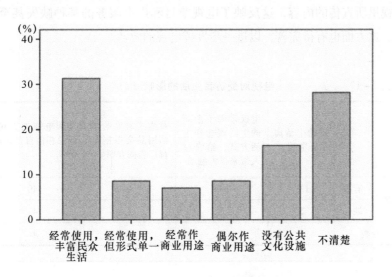

图 2 − 2　你所在地文化设施运转情况

3. 广电传输（电视传输为主）效益有待提高

表 2 – 16   **电视对受访者生活的影响（1）**

		看电视使我知道了很多外界的事情	看电视可以帮助我学习许多知识	看电视使我与别人有了谈论的话题	看电视影响了我与家人的交流	电视里的少数民族节目太少	电视里的农业技术信息太少，满足不了我们的需求
个案数	有效	142	140	140	138	139	138
	缺失	2	4	4	6	5	6
众数		4	4	4	2	4	4

从表 2 – 16 可以看到，有 138 人反映（约 16% 的调查对象）看电视带来了负面影响（看电视影响了我与家人的交流），139 人反映电视里的少数民族节目太少，138 人认为电视里过少的农业技术信息无法满足他们的实际需求。可见，电视传输的效益和效果还是有待提高的。表 2 – 17 也暗示了类似问题。从表 2 – 17 中可以看到，大约有 25% 的观众并不相信电视里所宣传的内容，这反映了电视节目和广电服务的某种缺失甚至失败。这方面也有待完善，以进一步发挥电视的效益。

表 2 – 17   **电视对受访者生活的影响（2）**

		我的生活离不开电视	电视带来了全新的生活观念和生活方式，给农村人带来很大触动	我购买家里的生活用品会根据电视广告的介绍	不管电视怎么说，我总相信自己亲眼所见
个案数	有效	139	139	140	140
	缺失	5	5	4	4
众数		4	4	2	4

4. 民众对现有公共文化服务的满意度还有待提高

民众满意度见表 2 – 18，从该表可以看出，在有效的 109 个调查对象中对公共服务满意的民众只占被调查人数的54.1%。可见，在满意度方面，还有很大的提升空间。

表2-18　　　　　　　　　　你满意这些设施吗

		频率	百分比（%）	有效百分比（%）	累计百分比（%）
有效	满意	59	41.0	54.1	54.1
	不满意	50	34.7	45.9	100.0
	总计	109	75.7	100.0	
缺失	0	35	24.3		
	总计	144	100.0		

　　具体而言，我们的调查显示丹寨县现有少数民族节目和农业技术信息太少，无法满足当地民众的实际需求。从表2-19可见，49.6%的当地民众同意或者非常同意少数民族节目太少。

表2-19　　　　　　　　电视里的少数民族节目太少

		频率	百分比（%）	有效百分比（%）	累计百分比（%）
有效	非常不同意	3	2.1	2.2	2.2
	不同意	33	22.9	23.7	25.9
	说不清楚	34	23.6	24.5	50.4
	同意	43	29.9	30.9	81.3
	非常同意	26	18.1	18.7	100.0
	总计	139	96.5	100.0	
缺失	0	4	2.8		
	系统	1	0.7		
	总计	5	3.5		
	总计	144	100.0		

　　表2-20显示44.2%的民众同意或者非常同意农业技术信息太少，不能满足他们的需要。

表2-20　　　电视里的农业技术信息太少，满足不了我们的需求

		频率	百分比（%）	有效百分比（%）	累计百分比（%）
有效	非常不同意	2	1.4	1.4	1.4
	不同意	34	23.6	24.6	26.1
	说不清楚	41	28.5	29.7	55.8
	同意	48	33.3	34.8	90.6
	非常同意	13	9.0	9.4	100.0
	总计	138	95.8	100.0	
缺失	0	5	3.5		
	系统	1	0.7		
	总计	6	4.2		
总计		144	100.0		

　　表2-21显示65.8%的受访民众同意或者非常同意他们不相信电视所说。这要么说明电视所宣传的内容可能是虚假，要么说明电视的宣传方式方法存在问题。

表2-21　　　不管电视怎么说，我总相信自己亲眼所见

		频率	百分比（%）	有效百分比（%）	累计百分比（%）
有效	非常不同意	3	2.1	2.1	2.1
	不同意	13	9.0	9.3	11.4
	说不清楚	32	22.2	22.9	34.3
	同意	53	36.8	37.9	72.1
	非常同意	39	27.1	27.9	100.0
	总计	140	97.2	100.0	
缺失	0	3	2.1		
	系统	1	0.7		
	总计	4	2.8		
总计		144	100.0		

　　总之，分析现有研究和我们调查的数据可以知道，丹寨县的现有公共文化服务和广电服务虽然基本上可以满足当地少数民族民众的需求，但还是存在许多不足。文化设施供给不均衡、利用率不高、广电传输效益有待提高、民众对现有公共文化服务的满意度还有很大的提高空间。

二　高坡乡文化服务及其财政保障机制现状

　　高坡乡位于花溪区东南部，地处花溪、惠水、龙里三（区）县交界处，总面积为119平方公里，总人口为24079人，少数民族人口为18292人，辖19个行政村，121个村民组，其中苗族占72%，布依族占3.9%，汉族占24.1%，是自然风光优美、民族风情浓郁、民族文化丰厚的少数民族乡镇。按照常住地分，2016年贵阳市农村常住居民人均可支配收入为9966元。伴随着高坡旅游资源的开发，人们物质生活水平逐渐提高，为文化服务的建设提供了坚实的物质基础。

　　课题组于2017年7月份对高坡乡进行了实地调研，共发放问卷165份，回收150份，有效率为91%，问卷包含主体和个人资料两大部分，主体部分又从文化服务的供需状况、文化服务的作用程度、文化服务资金的筹集方面来调研。

　　（一）文化服务现状

　　文化服务的供给主要包括广播电视节目、娱乐活动等。

　　由图2-3可知：有70%（105人）的居民享受了本民族文化的娱乐活动，有6.7%（10人）的居民享受到了村文化活动室提供的方便；有26.7%（40人）的居民享受到了娱乐健身器材。在娱乐活动中每个村寨都举办了斗牛活动，摆龙村、甲定村在春节组织了跳花节和跳芦笙舞活动。在问卷中问及"你平时是否看电视"，100%的被调查者选择"是"，并且平均每天看的时间是2.5小时。在问及"你更期待看什么节目"，83%的被调查者选择"有关本民族文化生活习俗"。在调查的9个村寨中都有未被认定的文化传承人。

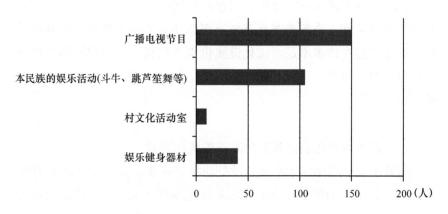

图 2-3　居民享受到的文化服务项目

1. 广播电视节目

广播电视作为农村广大人民群众重要的精神娱乐工具，对丰富群众生活，提升生活质量至关重要。在当前农村呈现出留守老人和儿童的情况下，仍具有重要的作用。通过调查统计得出，每一位调查对象或者会看电视，或者会收听广播，但收听广播的人数明显少于看电视的人数，并且收听广播的人群是年龄在70岁以上的高龄老人，他们收听的节目主也是本地的戏曲栏目。在电视方面，经过统计分析，每天看电视的时长是2.5小时，时间段主要集中在中午、晚饭时间及以后，这也符合农村群众的生活规律；收看的节目频道主要是本省公共频道播出的大型民生新闻直播栏目《百姓关注》，从社会学的角度分析，由于契合群众生活的场域，有些事件本就是发生在自己身边的，所以能得到青睐。

2. 有关本民族文化的娱乐活动

通过对此题目的调研结果统计发现：每个村寨都有人员参加每年的斗牛活动。斗牛作为苗族传统的民俗活动，是苗族人民对牛图腾崇拜的表现。通过斗牛表现出苗族人民崇尚力量和勇敢，同时也提供了结交亲朋好友的机会，是苗族文化的表现。同时斗牛作为一项文化活动，需要警惕村民借助它往变相赌博的行为上发展。摆龙村、甲定村在过年时还会有跳花棍和吹芦笙的活动。当问及最著名的"射背牌"活动时有人说，只有在每年一度的"四月八"才会举行，平时是看不到的。

3. 村文化活动室

高坡乡下辖的 19 个村寨都建有文化活动室，其组成包含农家书屋、文化活动室两部分。通过观察发现：所调研的村寨农家书屋中只有书籍且陈旧，缺少电子设备和音像制品，屋中桌子上一层灰尘，说明很长时间不会开门。文化活动室可以称为棋牌室，里面放置了纸牌和麻将，但通过门上锁，能推断出和农家书屋一样长时间没人进去活动。

4. 娱乐健身器材

在调研的 9 个民族村寨中有"体育健身器材"的只有 4 个村寨，占 45%。这 4 个村寨分别是高坡村、新安村、云顶村、摆龙村。高坡村是高坡乡政府所在地，村委会离乡政府不足 200 米，健身器材安装在乡政府院中，高坡村的居民由于先天性区位优势能够享受到政府提供的健身器材。云顶村是苗族村寨，邻近云顶草原和摄影基地，传统木构寨门，寨内路面石板硬化，两边安装体育健身器材。新安村虽然有体育健身器材，却还未安装，居民还不能够享受到由健身器材所带来的文化服务。可以说民族乡镇各村寨的体育健身基础设施呈现出"供给性贫困"，难以保障居民文化服务水平的提高。

> 自己的儿子、儿媳和丈夫都外出打工了，家里就剩下自己和两个孙子，很渴望村里面能够把娱乐健身器材安装好，这样自己就能锻炼身体了，但自己没有去跳广场舞是由于自己年纪大了，并且晚上还要照顾两个孙子，希望村寨里面能够组织一些活动，这样吹芦笙和跳花棍就能不失传了。好多事情你去问村干部，他们就推迟，问自己家的事情办得怎么样了，回答的就是还在办。临近换届，需要找他办的事是能拖就拖，我们都称他为"死人"。
> （大洪村，ZWX，2017 年 7 月 13 日）

通过和村民访谈可以得知：民族村寨文化服务的供给和村干部的是否作为有很大的关联性。大洪村文化服务的供给由于村干部的不作为就呈现出供给性贫困。村寨经济冒尖户团结与否对本村的文化服务水平也有直接的影响。新安村的农家书屋对本村寨居民的影响比较大，但由于种类少、更新慢难以满足村民需要，尤其是农业技术方面的需求。随着经济发展水平的提高和文化服务权益意识的提升，加之政府部门的重视，高坡乡举办文化娱乐活动场次得到了快速的增加。

（二）村民对文化服务的认知

1. 文化服务需求表达情况

民族乡镇文化服务建设是为满足本村寨差异化的文化需求，作为享受文化服务的主体，很多村民不了解自己村寨提供文化服务的内容和自己应该享受到的权利。如表2-22是对文化服务需求表达情况的调查，在9个村寨150名村民的选择中，绝大多数村民客观理性地选择了"有关联"，比例高达92%，说明村民对本村寨文化服务需求表达有"大胆说出来"的内心想法；但实际针对文化服务需求，呈现出20%的人员"不愿表达"，20%的人员积极表达。在对提供文化服务捐钱捐物时，100%的村民都愿意为其承担成本；但考虑到某项文化服务供给的成本时，有1/2的村民选择"会隐藏自己的偏好"，只有20%的选择"不会"，剩下30%的要根据实际情况来看。在当前脱贫攻坚的决战期，人们最想从广播和电视中听到和看到的是有关"精准扶贫的"相关报道，占比52%；有关"农业科技的"，占比23.3%；有关"本民族文化的"占比24.7%；

表2-22　　　　　　　　文化服务需求表达情况

问题	选项	频数（人）	比例（%）
文化福利的需求表达是否与您相关联	（1）相关联	138	92
	（2）没关联	12	8

续表

问题	选项	频数（人）	比例（%）
当看到别的村寨文化活动或者设施比自己村寨优越，您会怎么做？	（1）不会表达 （2）不愿表达 （3）积极表达 （4）表达无反应	50 30 30 40	33 20 20 27
当文化福利供给需要您捐钱或者出力，您愿意吗？	（1）愿意 （2）不愿意	150 0	100 0
当文化福利供给的花费比较多时，您心中是否会有不情愿？	（1）会 （2）不会 （3）看实际情况	75 30 45	50 20 30
你最想从广播或电视里听到或看到哪些节目？	有关精准扶贫的 有关农业科技的 有关本民族文化的 其他	78 35 37 0	52 23.3 24.7 0

注：数据根据调研问卷整理得出。

　　很希望村里面能把文化娱乐基础设施建好，只要有合适的机会，我都会向村干部说，可他们也就是当场说说，从不会落实。村寨里面的人都愿意为文化服务建设贡献力量，但如果是花钱特别多的话，在思想意识方面还是不能达到统一的。学习跳芦笙需要花费很多时间，年轻人又大多外出打工，没有经济效益，学习的人不多。（甲定村，WDZ，2017 年 7 月 18 日）

　　通过村民的访谈和问卷统计得知：首先，文化服务需求表达的机制不通畅，村民有明确的文化服务需求，并且当和其他村寨的情况进行对比后，需求会更强烈，但这种需求只能是在村干部面前反映，且也只能在非正式的场合提出，这样其重要性和紧迫性就大打折扣。但一旦有需要，村民还是很乐意为村寨文化服务建设贡献财力。其次，随着人口流动的加剧和城镇化的深入发展，让少数民族文化服务在自娱自乐的同时带来文化自信和经济效益是扩大其影响力和后继有人的有效途径。

2. 文化服务供给决策情况

表2-23反映的是民族乡镇文化服务供给决策情况，在"本村寨文化服务供给决策的方式"问题中，82%的被调查者选择"自上而下"，说明村民仅仅是在被动地遵照政府的作为"享受"文化服务；在"决策中谁的作用大"中，100%的村民选择了"村寨干部"，呈现出了村民议论说事与决策结果完全的负相关；在"应该谁的作用大"中，70%的人员认为是"本村寨村民"，呈现出村民隐藏偏好的特性。

表2-23　　　　　　　　文化服务供给决策情况

问题	选项	频数（人）	比例（%）
本村寨文化服务供给的决策方式	（1）自上而下 （2）自下而上	123 27	82 18
决策中谁的作用大	（1）村干部 （2）村民	150 0	100 0
应该谁的作用大些	（1）村民 （2）村干部 （3）上级政府 （4）说不清楚	105 30 15 0	70 20 10 0

注：数据根据调研问卷整理得出。

3. 文化服务供给满意度

图2-4可以看出，在所调研的150份问卷中只有50人对文化服务的总体评价是比较满意，有70人不满意，25人很不满意，满意的只有5人。调研数据显示政府部门要加强对民族村寨文化服务供给，满足居民基本的文化娱乐需求。

村寨里面超过90%的青年都外出务工，只有过春节时村寨中才会热闹起来，村寨里的年轻人很希望能够在春节时组织一些活动，但村寨里面连基本的娱乐场地都没有，所以过年时大家就只能聚在一起打麻将。他还主动谈起了少数民族文化传承的问题，说"他们这一代的就很少有人会了，如果不采取措施那到他们的下一代就更恼火（糟糕）了"，政府在基础设施建造方面是有专门的财政补贴的，可现实却是农民根本没有享受到国家提供的服务。（大洪村，PCH，2017 年 7 月 15 日）

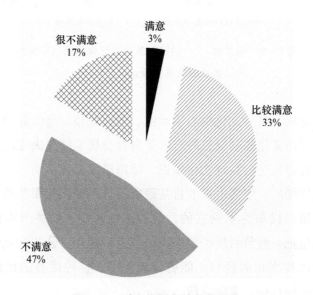

图 2-4　对文化服务的总体评价

　　紧挨云顶草原的摆龙村通过借助"美丽乡村建设"，村寨内的文化大院设施配置齐全，室内文化活动中心、农家书屋、文化墙、民族特色的寨门、室外健身娱乐器材、广场和供村民休息闲聊的长廊一应俱全，为村民提供了有选择性的就近参与享受文化服务的便利条件。如图 2-5 所示，本村寨村民对"文化娱乐基础设施"的满意程度高于"文化娱乐活动"，说明文化活动和文化娱乐设施呈现出显著的不匹配。

　　4. 最渴求的文化服务项目

　　如图 2-6 显示，民族村寨居民最渴求的文化福利项目依次是本

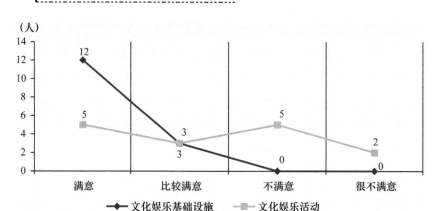

图 2-5 摆龙村 15 个访谈对象对文化娱乐基础设施和 文化活动的满意情况统计

民族广播电视节目、文化中心活动室、戏台戏楼、电影放映室、公共文化馆。居民文化福利设施的需求是由自身现实情况决定的，这些设施能够为传播先进的科技文化知识、增添居民文化活动、活跃居民文化生活提供场所。广播电视节目是最容易得到的文化服务项目，但却是民族乡镇村民最为不满意的，他们迫切需要一些关于本民族的节目，哪怕是把一些节目用少数民族语言进行翻译。公共文化馆作为展现本村寨民族文化的窗口，能更好地保留、宣传优秀的民族文化传统，提升民族自信、文化自信。

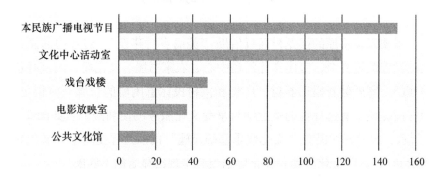

图 2-6 居民最渴求的文化服务项目（单位：人）

（三）文化工作人员

高坡乡综合文化站共有站长1人，专职文化人员2人，占花溪区文化专业技术人员的13%，低于贵阳市文化站平均人数4.4人。花溪区共有文化专业技术人员23人，其中正高级职称1人、副高级职称1人，中级职称4人、初级职称7人、中级技工4人。[①]

根据调查问卷中"您所在的村寨中有哪些文化人员或文化组织（多选）"的统计显示：36.7%的人选择"文化干部"，其主要是由本村寨中的文化传承人来担当。在所调研的9个村寨中都有"群众业余文化团体"，也就是跳广场舞的团队。此外有个别村寨还会不定时有"文化宣讲志愿者"。村寨文化服务供给的情况和是否有文化人员并无直接的关系，新安村的文化服务基础设施较完善，却没有"文化干部"，因为村寨的文化传承人没有得到政府认定，年轻有文化的人员大多外出务工，缺乏懂文化的人才；同时村寨中的民间艺人出于经济条件的考虑纷纷外出务工，导致优秀的民族传统出现"无人教、无人学"的尴尬局面。

第二节 民族村镇广电收视现状及分析

民族村镇广播电视公共服务的供给，只有很好地满足少数民族对广电公共服务的需求，才能有效地供给。近年来，学术界对少数民族广电公共服务产品的讨论较多，但对于少数民族这一受众群体的具体需要研究不足。课题组为深入了解央视、省市县电视台、卫视频道对少数民族广播电视公共服务产品的供给情况及少数民族受众的需求情况，在丹寨的卡拉乡、花溪的高坡乡，进行了问卷调查。

---

① 数据来源于花溪区文化广播新闻出版局统计数据。

一 调查数据结果

1. 收听收视方式及目的

表 2 - 24 　　　　　　通过什么方式收听广播

		频率	百分比（%）	有效百分比（%）	累计百分比（%）
有效	收音机	19	13.2	19.8	19.8
	村里的大喇叭广播	38	26.4	39.6	59.4
	车载收音机	9	6.3	9.4	68.8
	电视机	30	20.8	31.3	100.0
	总计	96	66.7	100.0	
缺失	0	48	33.3		
总计		144	100.0		

表 2 - 25 　　　　　　你家里电视信号的接收方式是什么

		频率	百分比（%）	有效百分比（%）	累计百分比（%）
有效	有线网	89	61.8	65.0	65.0
	一般室内/室外天线	23	16.0	16.8	81.8
	碟形卫星电视	25	17.4	18.2	100.0
	总计	137	95.1	100.0	
缺失	0	7	4.9		
总计		144	100.0		

表 2 - 26 　　　　　　你家里电视可以收到多少个频道

		频率	百分比（%）	有效百分比（%）	累计百分比（%）
有效	很多，具体不清楚	38	26.4	27.1	27.1
	几十个，内容丰富	77	53.5	55.0	82.1
	比较少	17	11.8	12.1	94.3
	太少，希望可以看到更多频道	8	5.6	5.7	100.0
	总计	140	97.2	100.0	
缺失	0	4	2.8		
总计		144	100.0		

表 2 - 27　　　　　你收看电视节目的主要目的是什么

		频率	百分比（%）	有效百分比（%）	累计百分比（%）
有效	消遣，打发时间	71	49.3	50.4	50.4
	看新闻，了解时事	49	34.0	34.8	85.1
	学习电视中介绍的知识	12	8.3	8.5	93.6
	没有目的	7	4.9	5.0	98.6
	其他	2	1.4	1.4	100.0
	总计	141	97.9	100.0	
缺失	0	3	2.1		
总计		144	100.0		

表 2 - 28　　　　　平时主要收看的电视节目类型

	响应		个案百分比（%）
	个案数（人）	百分比（%）	
平时主要收看音乐歌舞\戏曲综艺晚会	60	17.4	42.3
平时主要收看体育类节目	32	9.3	22.5
平时主要收看教育类节目	22	6.4	15.5
平时主要收看军事类节目	34	9.9	23.9
平时主要收看影视剧	71	20.6	50.0
平时主要收看农业技术类	37	10.8	26.1
总计	344	100.0	242.3

表 2 - 29　　　　　你更希望在电视中看到哪类节目

	响应		个案百分比（%）
	个案数（人）	百分比（%）	
你是否希望在电视中看到少数民族生活习俗，历史文化	66	26.6	49.3
你是否希望在电视中看到农业科技知识	30	12.1	22.4
你是否希望在电视中看到农村致富信息	43	17.3	32.1
你是否希望在电视中看到电视剧，综艺节目	58	23.4	43.3
你是否希望在电视中看到时事新闻	51	20.6	38.1
总计	248	100.0	185.1

2. 少数民族村民对看电视的态度分析

表 2 - 30   **看电视使我知道了很多外界的事情**

		频率	百分比（%）	有效百分比（%）	累计百分比（%）
有效	非常不同意	1	0.7	0.7	0.7
	不同意	9	6.3	6.3	7.0
	说不清楚	14	9.7	9.9	16.9
	同意	79	54.9	55.6	72.5
	非常同意	39	27.1	27.5	100.0
	总计	142	98.6	100.0	
缺失	0	1	0.7		
	系统	1	0.7		
	总计	2	1.4		
总计		144	100.0		

表 2 - 31   **电视里的少数民族节目太少**

		频率	百分比（%）	有效百分比（%）	累计百分比（%）
有效	非常不同意	3	2.1	2.2	2.2
	不同意	33	22.9	23.7	25.9
	说不清楚	34	23.6	24.5	50.4
	同意	43	29.9	30.9	81.3
	非常同意	26	18.1	18.7	100.0
	总计	139	96.5	100.0	
缺失	0	4	2.8		
	系统	1	0.7		
	总计	5	3.5		
总计		144	100.0		

表 2 - 32　　　　电视里的农业技术信息太少，满足不了我们的需求

		频率	百分比（％）	有效百分比（％）	累计百分比（％）
有效	非常不同意	2	1.4	1.4	1.4
	不同意	34	23.6	24.6	26.1
	说不清楚	41	28.5	29.7	55.8
	同意	48	33.3	34.8	90.6
	非常同意	13	9.0	9.4	100.0
	总计	138	95.8	100.0	
缺失	0	5	3.5		
	系统	1	0.7		
	总计	6	4.2		
总计		144	100.0		

表 2 - 33　　　　电视带来了全新的生活观念和生活方式，
给农村人带来很大触动

		频率	百分比（％）	有效百分比（％）	累计百分比（％）
有效	不同意	10	6.9	7.2	7.2
	说不清楚	25	17.4	18.0	25.2
	同意	77	53.5	55.4	80.6
	非常同意	27	18.8	19.4	100.0
	总计	139	96.5	100.0	
缺失	0	4	2.8		
	系统	1	0.7		
	总计	5	3.5		
总计		144	100.0		

二　少数民族村镇广电服务存在的问题

1. 少数民族受众不是广告商的目标人群

"传播、信息和知识是推动人类进步以及改善生活和舒适条件的

促进因素。"① 从各民族社会历史发展的过程分析，信息的交互与流动已经成为社会变动的基础。从传播与社会发展的关系来看，传播学家施拉姆指出：第三世界不发达的原因在于信息的不畅通。另一个传播学家罗杰斯也持有相同观点，他把社会变迁的动力分为两大类，一为内生型，二为接触型。接触型的动力来源于外界的新思想和信息的传播。他认为第三世界国家的发展，大多数为接触型变化。由于第三世界国家接触了西方发达国家的思想观念、科学技术，致使本国的社会结构发生变化。"另外，许多国家的人民和民族，尤其是最贫困的人民和民族，不完全拥有提供信息、公布信息或利用信息的可能性，这使他们错失现代社会的众多发展机遇。"②

与经济发达地区居民相比，无论在政治、经济、文化上，还是在大众传媒设施的拥有、信息资源的接收等各个方面，生活在边远山区的村民，整体上都处于弱势地位；少数民族乡村的农村居民，与同一地区的汉族村民相比，又存在语言、生活习惯、文化背景的差异，在大众传播的环境中又处于弱势地位，少数民族乡村的居民是信息社会中名副其实的"双重弱势群体"。

媒介产业化、大众媒介的市场化推动了我国传媒业的发展，大众传媒开始以受众为导向，重视受众作为消费者的消费需求。媒介市场化必然以有能力参与市场活动和消费的受众为服务对象。处于贫困边远山区的少数民族居民收入较低，不可能成为广告商的目标人群，也不会成为媒介市场的服务对象。乡村少数民族如何获取信息，他们需要什么信息，尚未得到应有的重视。

2. 少数民族广电公共服务产品的供给不能满足少数民族受众的需求

贵州有世居少数民族十余种，全省少数民族人口接近 40%，但贵

---

① 邵培仁、彭思佳：《信息低保：构建信息公平社会的基本保障》，《现代传播》2009年第 5 期。

② 邵培仁、彭思佳：《信息低保：构建信息公平社会的基本保障》，《现代传播》2009年第 5 期。

州省广播电视台播出的节目中，没有少数民族栏目，也没有少数民族专门时段，有关少数民族的信息，多穿插在新闻报道、综艺节目或者其他的节目之中。

贵州省内有三个少数民族自治区，区内也有自办的部分广电节目，但专门针对少数民族服务的节目较少，更没有少数民族语言播放的节目，不能满足少数民族受众的视听需求。

3. 少数民族未能有效表达自己对于广电公共服务产品的需求

少数民族组织化程度较低，形不成有效的利益诉求与表达机制，也就不能使少数民族广电公共服务的供给状况得以改善。

第三节　少数民族传播形态及发展

在社会进程中，人类传播文化大致经历了口语形态、文字形态、印刷形态、电子形态以及网络形态五大变迁历程。少数民族乡村社区的传播活动没有经过读写的过程，也没有经历文字、报纸、杂志一类的纸质媒体，普通乡村常见的墙体广告也少见，随着广播电视"村村通工程"的实施，从传播形态的演进来看，少数民族社区是从口述传播模式直接转换到电子传播模式。

少数民族的历史传说，离不开三个方面的内容：一是战争，二是迁徙，三是高山峻岭。以苗族为例，他们传说中的黄帝大战蚩尤，蚩尤战败之后，苗族开始了迁徙，后来，苗族多居住在山上，苗族自己说：鱼在水里，鸟在天上，苗在山上。苗族与外界极少接触，但内部组织结构紧密，苗族内部的传播交流模式，成为苗族社区重要的维系纽带。

一　口语是主要的交流工具

法国传教士萨维纳，20世纪初期曾经在中国西南苗族生活的地区传教，他熟悉苗语，对苗族文化有较深入的了解，他发现：苗族这个民族五千年的存在是一种真正的历史现象；而她的语言，在固定的其他语言旁边，尤其是在有着五十个世纪的古老文字的汉语旁边，却没有任何书写的帮助而保存了下来，这也许是世界上唯一的另类的语言现象。① 苗语是苗族主要的交流工具，也是形成苗族社区的组织细胞。

1. 语言成为少数民族社区的黏合剂

如苗族有不同的支系，虽然都说苗语，但不同的支系苗语也有不同，他们之间彼此听不懂，也难以交流，但苗族各地的方言有50%左右的同源词，彼此学习起来更容易。这也是苗族族群认同的重要因素。苗族对自己的民族很忠诚，被公认为是一个最难同化、内聚力很强的民族。有这样一个故事：如果在一个民族的村子里面插进一户苗族，过几代以后这户苗族一定仍然还是说苗语穿苗衣。②

随着对外开放的影响，今天的苗民也走出山寨，或外出求学，或外出工作就业。与此同时，他们居住的古老山村以其独特的民族文化色彩，成为吸引外地游客观光旅游的资源。无论身处他乡异地，还是本土的旅游接待活动，苗民们与非苗族人员交流的时候说汉话、普通话，但他们与家里人或是同寨子的其他苗民交流时，能迅速切换为苗语，这种情况很普遍。苗语的沟通，能在不同的语言文化环境中，迅速拉紧本民族的关联，使苗族族内组织黏合得更为紧密。

2. 口语传播为少数民族的历史和文化增添了浓厚的神秘色彩

口耳相传的口语文化作为早期的一种传播形态，具有极大的随意性和流动易变的特点，它只能在个体之间进行直接即时交流，难以超越时空，更无法储存。没有文字，单靠口头语言的传播，会导致对许多事件的发生不能进行准确的记录。由于缺乏文献，少数民族提供不了关于自己起源及历史方面的可靠材料，这也为少数民族的历史和文化增添了浓厚的神秘感。后代的少数民族在继承和转述苗族先人的行为和故事时，会附带上口述人的个人理解，给历史事件增加不确定因素和个人色彩。像苗族的起源、苗族的迁徙等问题，都存在于苗族的

① ［法］萨维纳：《苗族史》，立人等译，贵州大学出版社2009年版，第1页。
② 张晓：《跨国苗族认同的依据和特点》，中国苗族网，http://www.chinamzw.com/wlgz_ ReadNews. asp? NewsID = 848，2018年10月3日。

历史传说中，为后人的研究留下了广阔的空间。

口语传播体现在具体事件的执行过程中，难免随意性与人为的因素。如苗族的节日仪式的具体时间，也有不同的说法。如杀猪是苗族鼓藏节中的一个重要内容，苗族的规矩是鼓藏头家先杀猪，山寨其他苗家需等到鼓藏头家杀猪后，自己家才开始杀猪。但鼓藏头家几点开始，三更、五更还是天亮？没有具体说明，这取决于鼓藏头的个人考虑和安排。其他苗家听见鼓藏头家猪的叫声，鞭炮响起，就得到了可以动手的信号。

在苗家过去的生活中，这些不确定的因素对他们本身的日常起居没有太大的影响，时间的早一点晚一点对生活节奏相对较慢的苗家并无大碍，但相对于现代社会全球化的背景，时间观念、时间的确定性就很重要。

二　歌唱被赋予特殊的传播功能

少数民族歌曲题材广泛，反映的内容深刻，涉及他们生活、生产、生态等各个方面，它植根于少数民族的群众日常生活之中，蕴含着丰富的文化信息，成为少数民族文化的重要载体。少数民族歌曲通过世代因袭、口传心授的方式进行传承，在对民歌进行传承的同时，也完成了对本民族的历史文化的传承。

苗族人能歌善饮，他们劝酒的时候，常引用苗族的俗语说服客人，"会说话就会唱歌，能喝水就能喝酒"，苗歌和酒在苗族的沟通中有重要的功能。

1. 歌唱：记录和传承少数民族历史文化的手段

由于多数少数民族都没有自己的独立文字，因此，他们历史文化的传承只能靠历代人口口相传。在继承和传播过程中，少数民族歌曲发挥了重要的作用。

如侗族大歌，是一种多声部、无指挥、无伴奏、自然和声的民间合唱形式。"以歌为媒、以歌传情、以歌见证民族发展轨迹"，是了解侗族的社会结构、婚恋关系、文化传承和精神生活的重要组成部分。

《天地之源》《事物之源》《人类之源》等，以话词形式表达侗族古老先民的世界观。侗族大歌中还有大量书写男女恋情的抒情歌，反映特定时期内人类思想及感情诉求，及追求幸福的理念。侗族大歌是一部诠释侗民族的"百科全书"。她们用歌来传播文化、教育后代、记载历史。"无字传歌""以歌代文"已成为侗族人的一种独特的社会生活方式。

苗族的苗歌内容丰富、形式多样，有古歌、嘎别福歌、飞歌、情歌、调歌、酒歌、丧歌、理词、巫词等。[①] 这些歌曲有各自的内容和唱法，在不同的场合中出现，发挥不同的传播功能。其中的苗族古歌，被称为"苗族历史文化的百科全书"，是集苗族历史、伦理、民俗、服饰、建筑、气候等内容为一体的重要口语典籍。古歌大多在民俗活动（如"鼓社祭"）、婚丧仪式、亲友聚会、民间节日中演唱。演唱者多为老年人、巫师、歌手等。如苗族的"古歌"中涉及苗族内部的典章制度、古规古理、苗族社区管理的准则和法律等内容，经过苗族代代传唱、共同维护、流传至今。

2. 唱歌的能力体现为交际能力

少数民族歌曲作为异性交往的媒介，在我国多个少数民族中有共通的存在，其中包括了恋爱、交流、送往迎来、斗智竞争等功能。

在苗家，每年都要举行几次盛大的芦笙节，节日里，苗民们盛装前往，各寨芦笙手云集芦笙节现场，平时寂静的青山翠谷，顿时汇成芦笙歌舞的海洋。芦笙节是老年人互相交往，年轻人互相求爱的重要场所。"男不吹笙难结伴，女不唱歌无知音"，唱不唱歌，直接影响男女之间的交往。吹芦笙唱苗歌，成为苗族评价苗族青年的一个重要标准。在男女交往过程中，对歌也是双方了解、交往的重要方式。对歌的歌词很多都是即兴创作的，青年男女的聪慧、机敏都在相互对答中显示出来。

现在的苗族青年男女，他们的相识、恋爱过程，已经很少用唱

---

① 侯天江：《中国的千户苗寨——西江》，贵州民族出版社2006年版，第109—110页。

歌的方式来表达彼此的情感。唱歌逐渐成为少数民族乡村旅游活动中的表演节目，但会唱歌、能编词依然是让大家都羡慕的人际沟通能力。

在侗乡也如此，几乎人人都会唱歌，处处有歌声，每件事都用歌声来表达，歌唱成为侗族人民生产生活的重要组成部分，成为他们必不可少的精神食粮。而且侗家人视歌为知识和文化，认为谁会唱的歌越多，谁就越有知识，可以说，对于侗族，学歌就是学文化。

三　物质媒介与事件传播

在少数民族生活中，许多与日常生活密切相关的普通物品被赋予特别的意义，承担起传播媒介的作用。这些物质成为具体确定意义的符号，在他们的日常生活中，传达出少数民族长期以来约定俗成的意义。

1. 作为传播媒介的日常生活物品

米饭：日常食用的米饭都是白色的，苗族妇女采集山上的野花树叶，浸出颜色，制成各色天然染料，把白白的糯米饭染成多彩的颜色，称为"姊妹饭"，在苗族姊妹节里食用，传达苗族姑娘的丰富的内心情感。

米酒：苗家的米酒，在苗族的交往中也扮演重要的角色。苗族的男女都能饮酒，有时女人们在一起吃饭也饮酒对歌助兴，气氛浓烈。酒成为苗族交往的条件和理由。

在饮酒的过程中，妇女成为活跃的群体。苗族学者张晓谈到西江苗族妇女饮酒的情形时说："'酒战'（酒歌争战）的双方，被敬酒者要善于抵抗，敬酒者要善于进攻。由于抵抗者主要是男性，进攻者主要是女性，酒宴发展到高潮就变成一场男女论战，这是一场文化习俗允许和鼓励的合理合法的男女交锋。酒喝到这个时候，大家都已醉意朦胧，因而也少了些束缚多了些自由。……在这种场合，习俗允许略有些出格。换句话说，由于性的羞耻感，女人疏远了男人，只有在这种场合，男女才恢复到常态，有了些正常的自由交往。酒酣时的狂欢，是对平常个性压抑的补偿或宣泄。"① 这里，酒，已成为苗族男女正常交往的媒介，饮酒成为正常交往的场合、平台。

苗家走亲戚串门，进门时要喝拦门酒，离别时送客，主人家也要挑着酒坛送行，一路走一路喝，情深谊长。酒的意义和酒的功能已经超越了酒本身。

服饰：苗族妇女的服装非常精致，最有代表性的是苗族的古服，是苗族妇女重大节日、集会、宗教仪式的庆典服装。苗族古服都镶有银饰，体现明显的古代战争痕迹。说明古时苗族先民把金属器穿戴在身上，用于战争中防御敌人或是装饰。一套盛装的苗族妇女银饰，重约15千克，由专门的银匠精雕细刻而成。银饰色泽、质地都很考究，图案花纹各异。有苗族图腾、战争故事、家族历史，以及动物、花果、生活生产有关的内容。

苗族没有文字，但他们把本民族的历史事实、文化传统都浓缩在妇女的服装上，其中有苗族本身的符号和编码，也为他们本民族的人所理解和熟悉。男人们外出打仗，女人留守家园、照顾老小，一旦战事有变，妇女们便带着家里老人和孩子，身着民族服装进行迁徙，她们的衣服成为记录苗族文化的物质工具和媒介。

2. 节日庆典、婚丧嫁娶成为传播事件

"如果不参加芦笙节，我就永远找不到老婆"。苗民每年都要过一两次芦笙节，芦笙节成为青年人结识异性朋友的场合。苗族居住地都在山区，相对分散，交通也极为不便，在农耕时代，他们平常的见面交往是不多的。节日庆典、婚丧嫁娶的日子，成为他们交往的重要场所，在这些特殊日子里，苗民聚集在一起，人数多，带来的信息量大，传播范围较广。

苗族的节日活动主要与宗教祭祀、农业耕作有关。苗族每十三年一次的鼓藏节，是苗家最隆重的节日，主要是祭奠祖先，增强家族凝聚力；每年之中根据耕作的季节，有相应的节日活动，内容多为祈求

---

① 张晓：《西江苗族妇女口述史》，贵州人民出版社1997年版，第132—136页。

风调雨顺，有好收成。时间的安排也都避开农忙的时候，农忙时既不吹芦笙也不对苗歌，家家都忙于耕作。在农闲期间，娱乐休闲，吹笙踩鼓，走亲串友聚集在一起。苗家的婚丧嫁娶，也是具有聚合效应的主要活动。

第四节　民族村镇教育及文化需求分析

少数民族村镇公共文化服务和广电传输无法满足当地民众的需要，导致当地在许多方面发展的滞后。这一节再梳理丹寨县的教育现状、少数民族地区文化传承服务现状和少数民族村镇文化需求，期望进一步具体地明确广电文化传输所存在的不足。

一　民族县乡教育现状

文化与教育服务，我们从功能主义的角度可以分为两种类型：一种是通过制度设计为所有社会成员提供有一定年限或某种类型的教育，我们称为"普惠型"教育服务，如向适龄儿童提供"义务教育"；另一种是为弱势群体提供服务，以改变其不公平的受教育状态，促进教育的整体效用和公平，或是为某些经济、政治、社会条件薄弱的特殊群体提供倾斜性政策，用以保障并落实其受教育权利，我们称为"选择型"教育服务。[①] 现阶段，我国教育服务的措施主要有教育扶贫、义务教育与希望工程、儿童教育服务、助学金奖学金和助学贷款制度及农民工子女的教育服务、老年人的教育服务、残疾人的教育服务、妇女的教育服务、企业职工的教育服务几个方面。

少数民族在我国属于弱势群体，我们以这一特殊的群体为对象，对少数民族地区文化教育进行调查后发现，少数民族地区由于大多地处偏远山区内陆，受历史、自然条件的制约而导致的社会、经济发展

---

① 吴至翔、刘海湘：《我国教育服务政策的功能与价值分析》，《福建省社会主义学院学报》2009 年第 1 期。

的滞后，文化教育与中东部地区相比依然存在一定程度的差距。调查数据显示：丹寨县现有各级各类学校82所，但是主要是以幼小学校为主，而初高中及职业高中数量极少，在校人数随之递减也反映出民族地区教育初高中以后学生大量流失的现状。

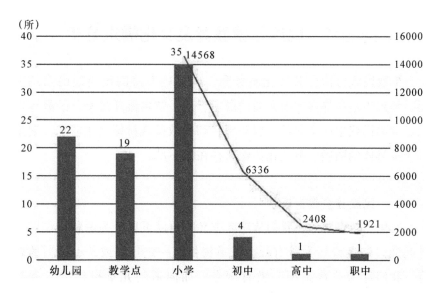

图2-7　丹寨县各级各类学校数量及在校学生统计图

数据来源：丹寨县科教局。

尽管2014年以来，丹寨县全县补助公用经费和免除学杂费3183万元，使得受益学生大多3.12万人，向2.26万学生免费提供教科书；对726万名高校、中职、普通高中家庭经济困难学生发放奖助学金148万元，免除54名学生学费25.96万元；新建和改造7所乡镇公办幼儿园。① 但是教育资源的不足，初高中教育的入学率低等现象充分说明文化教育权利对于少数民族地区的重要性，教育均等化依然是文化服务构建所需的重要内容之一。

此外，少数民族有其自己语言文字的使用权，这同时也是少数民

---

① 数据来源：丹寨县精神文明建设指导委员会办公室。

族教育的一项重要内容，从贵州省民族教育的调查情况来看，对于语言文字的教育主要表现在两个方面，一是贵州省以少数民族地区 7 个市、31 个县、97 个乡镇、153 所幼儿园及小学，441 个班级作为试点，免费发放苗语（东部方言）、苗语（中部方言）、苗语（西部方言）、布依语、侗语、彝语、普通话 7 种语言在内的少数民族双语有声读物，在为少数民族儿童学习母语和汉语提供极大的便利的同时，很大程度上用以解决双语教师资源不足、水平不高的问题；二是通过定期开展双语教学师资培训，为民族地区提供师资力量。但是对于省、地方校本课程的双语编制及开发工作尚未完全开展，双语教育仍显不足。

由于贵州少数民族地区相对落后，在教育扶贫工作也依然是文化与教育服务的重点内容，根据《贵州省教育扶贫实施方案（试行）》，贵州省通过实施十一项计划，从四个方面，切实改善民族地区学生的学习环境、教育条件和发展状况，促进民族贫困地区文化教育的发展。

在贫困助学方面，通过家庭经济困难学生助学体系完善计划、实施控辍保学计划、实施贫困生职业教育对口帮扶计划、农村义务教育学生营养改善计划，在少数民族集中连片特困地区开展助学行动，在政府资助的基础上，充分发挥社会力量，帮助贫困学生，通过慈善助学、基金助学等多种形式资助民族农村地区义务教育家庭经济困难的学生，帮助家庭经济困难学生完成学业；建立和完善贫困家庭的户口制度，广泛宣传义务教育法，特别关注贫困生的劝学工作，鼓励各地结合实际，开发地方课程、校本课和综合实践活动，激发学生的学习兴趣，从而避免学生因厌学而辍学；每年扩大中等职业学生到贵州省内外高职院校学习的比例和规模，在实施贫困学生职业学校学杂费免费的基础上为他们提供生活补贴，提高他们的职业技能水平；出台贫困生职业教育对口支援政策，鼓励贫困生到省内外高质量专业院校接受不同层次和类型的职业技能教育；

加强农村学校食堂建设，实现"校校有食堂"的目标；以国家每天每个学生 3 元的标准，为农村学生提供膳食补贴，全面实施以学校食堂供餐为基本特征的"贵州模式"农村学生营养餐，提高农村学生营养健康水平。

在教育基础完善方面，实施贫困地区农村幼儿园扶持计划和贫困地区学校硬件设施改善计划。以政府购买服务、以奖代补、减免租金、民办公助、派驻公办教师等政策，大力支持农村公立和私立幼儿园的发展，支持社会组织和个人在农村举办幼儿园等方式，扶持大村的村幼儿园，帮助贫困家庭的学龄儿童完成学前教育；通过提高偏远与贫困地区农村小学（教学点）的办学条件，加强农村学校食堂建设，配备配齐工勤人员，不断提高教育水平，改善贫困地区的教育硬件设施；提高县（市、区）城区办学条件，为贫困生提供优质的教育资源。

在就业帮扶提升方面，实施贫困生学业提升计划、初中毕业和高中毕业未能升学的学生技能培训计划、高等院校定点帮扶计划、贫困生就业创业能力提高计划。进一步提升贫困生接受教育的层次，提高贫困生受教育的机会，引导和指导各层次贫困毕业生的就业创业。以每个县的一个职业学校为依托、以初高中毕业未能升学学生为主要对象建立培训基地，为初高中毕业不能升学的学生提供免费职业技能培训，引导其就业；发挥高等院校在教育扶贫中的人才、知识、技术和信息等优势，由高等院校定点帮扶的贫困县（区、市）；通过开发教育扶贫课程来提高贫困地区学生的就业创业能力，开发在地方课程和校本课程中实用的技术和创业培养课程，如：农村实用技术、职业技术和创业课程，在地方课程和校本课程中逐步扩大教育扶贫课程的比例，普及就业创业教育，在义务教育阶段重点培养贫困地区学生的就业创业意识，在高中阶段重点增强贫困地区学生的实操技能、实践能力和就业能力，在高等院校注重职业规划教育，提高贫困地区学生的创业能力，为其提供一定的创业项目、基金和优惠条件，引导贫困地区学生就业，鼓励和帮助其创业。

师资培训方面，实施贫困地区教师队伍建设计划，采取"城镇教师支援农村学校工作计划"，"国培计划"和"农村教师素质提升工程"等方式，定期开展农村学校（教学点）教育教学研讨交流活动与专业扶助工作，为在农村贫困地区、民族地区从事教育教学工作的教师提供更多的培训项目，着力改善民族地区农村学校学科结构，不断提高民族农村教师的专业化水平；同时，加大农村教师公租房建设力度，优先提供给在农村贫困地区或者民族地区从事教育教学工作的教师；为民族地区工作教师建立专项补助资金，对长期在农村基层和艰苦边远地区、民族地区工作的教师实行工资倾斜政策；为贫困少数民族地区农村学校配足配齐教师，不断提高他们的教育教学水平。[①]

二 少数民族地区文化传承服务现状

文化的传承是一个民族生存和发展的重要动力，民族文化的繁衍生存是通过"传"与"承"二者的推进与相互作用进行的。丹寨县作为"非遗之乡"，有县级非物质文化遗产名录152项、传承人341人，其中，国家级非物质文化遗产名录7项、传承人11人，省级非物质文化遗产名录15项、传承人74人，州级非物质文化遗产名录87项、传承人44人。同时，通过继承和弘扬优秀传统文化，促使非物质文化遗产保护与传承，丹寨县民间工艺从业队伍不断壮大，现有城乡基层文化产业能人12人，其中民间艺术大师10人；有重点文物保护单位14个，其中国家级1个、省级4个、州级1个、县级8个。

对于非物质文化传承的扶持，根据国务院办公厅《关于加强我国非物质文化遗产保护工作的意见》（国办发〔2005〕18号）、贵州省

---

① 贵州省教育厅办公室关于印发《贵州省教育扶贫实施方案（试行）》的通知（黔教办民〔2012〕679号）。

非物质文化遗产保护条例［贵州省第十一届人民代表大会常务委员会公告（2012 第 6 号）］，丹寨县每年从城市住房开发投资中提取 1% 作为对非物质文化传承、发掘、整理的扶持资金，同时，县级财政每年以 500 万元预算作为非物质文化发展基金，又设立 200 万元作为文化遗产保护基金；对于非物质文化项目及其传承人，一般国家级项目予以 70 万元左右/项的补助，省级每年约获得共 10 万元，而传承人按照国家、省、州三级标准分别给予 10000 元/人、5000 元/人及 3000 元/人的补助。

但是，我们在实地调查访谈的过程中发现，非物质文化遗产的传承人的认定名额有限，很多具有非物质文化工艺的传承人难以得到认定，资金的不足导致很多文化传承难以持续进行，而且很多非物质文化遗产的传承的扶持政策难以实施到位，我们在采访的过程中还发现，不少的文化传承人是上了年纪的老人，越来越多的年轻人选择外出打工而并非技艺的延承，也导致很多非物质文化难以继续传承下来。

三 少数民族地区文化需求分析

本章使用 SPSS 软件和 EXCEL 表格对问卷调查的数据进行了简单的汇总与归纳，通过对丹寨县调查问卷所得数据进行的定量分析和在调查过程中个案访谈的定性分析，分析了少数民族地区的文化服务的需求情况与满意程度。

根据我们的调查结果分析，民族地区群众的精神文化生活是以看电视或者上网、串门聊天或者是节日期间唱歌跳舞为主要内容（如表 2 - 34），公共文化建设大部分属于"村村通"工程的有线电视和广播（如表 2 - 35），公共文化设施运转情况单一且公共文化服务建设主体大多以政府为主，社会力量参与不足（如表 2 - 36）。从分析结果我们不难发现少数民族地区群众文化服务需求所呈现出的一些现状及特点：

表 2 - 34 　少数民族地区群众精神文化娱乐活动主要内容统计

		响应		个案百分比（%）
		N（人）	百分比（%）	
您平时的精神文化娱乐活动主要有哪些	体育锻炼	26	7.2	18.6
	节日期间唱歌跳舞	45	12.5	32.1
	读书看报	13	3.6	9.3
	看电视或者上网	94	26.0	67.1
	看电影	22	6.1	15.7
	打牌打麻将	28	7.8	20.0
	听广播/收音机	11	3.0	7.9
	看戏	7	1.9	5.0
	看录像	2	0.6	1.4
	串门聊天	64	17.7	45.7
	卡拉 OK/歌舞厅	5	1.4	3.6
	逛市集	32	8.9	22.9
	观看/参加文化演出	12	3.3	8.6
总计		361	100.0	257.9

表 2 - 35 　　少数民族地区文化设施运转情况

		频率	百分比（%）	有效百分比（%）	累计百分比（%）
有效	经常使用，丰富民众的业余生活	18	12.3	12.4	12.4
	经常使用，但形式单一	72	49.3	49.7	62.1
	经常用作商业用途	9	6.2	6.2	68.3
	偶尔用作商业用途	11	7.5	7.6	75.9
	没有公共文化设施	2	1.4	1.4	77.2
	不清楚	33	22.6	22.8	100.0
	合计	145	99.3	100.0	
缺失	系统	1	7		
合计		146	100.0		

表 2 - 36   **少数民族地区公共文化服务建设主体统计**

		响应		个案百分比（%）
		N（人）	百分比（%）	
您认为在公共文化服务建设中发挥作用的是	政府（街道、乡镇）	144	45.7	100.0
	村、社区	59	18.7	41.0
	居民群众	63	20.0	43.8
	民间组织	29	9.2	20.1
	企业等社会力量	20	6.3	13.9
总计		315	100.0	218.8

1. 少数民族地区居民文化服务需求意识逐步增强，需求种类多

随着民族地区"村村通"工程的不断推进和全覆盖，少数民族地区居民的日常娱乐不仅仅是广播电视的收看和收听，他们开始愿意参与更多的公共文化活动，在物质需求得到基本满足之后便更多地追求精神文化需求的满足。随着近几年政府对公共文化服务建设的高度重视和各地新农村建设的广泛开展，以及广电传播媒体的大力宣传，再

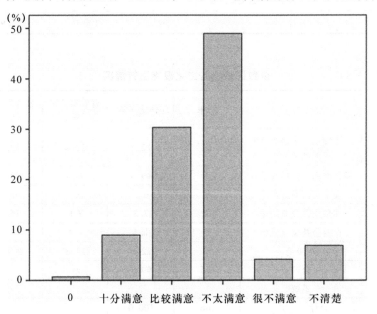

图 2 - 8   少数民族地区文化娱乐生活满意度调查

加上少数民族地区群众自身经济条件的改善、文化意识的觉醒、对于公共文化权利的追求，使他们越来越希望开展更多的文化活动，从统计结果也不难看出，少数民族地区居民公共文化需求意识正在逐步增强，而且需求种类也在日益增多。

2. 少数民族地区居民文化服务需求具有民族的特殊性偏好

少数民族地区文化服务需求主要对象是以少数民族大众，但是由于少数民族公共文化的需求状况受到少数民族地区社会经济发展、生产生活状况和民族风俗习惯等多方面因素的影响，因此少数民族公共文化需求具有特殊性和多样性。但是少数民族地区地方政府公共文化服务内容一贯是以完成政绩考核为主要目标，按照中央和上级政府的服务项目逐一开展，并且由于少数民族地区社会经济发展落后，财政资金紧缺，因此在很大程度上地区的文化供给缺乏少数民族地区民族特色和少数民族群众喜闻乐见的公共文化产品。[①]

表 2 - 37　　　　　　少数民族地区居民公共文化需求

		响应		个案百分比 (%)
		N（人）	百分比（%）	
少数民族地区居民公共文化需求	自编自导文艺演出	40	12.3	28.8
	民间艺术	61	18.8	43.9
	花会灯会	34	10.5	24.5
	送戏（文艺演出）下乡	26	8.0	18.7
	送电影下乡	57	17.5	41.0
	送图书科普知识下乡	14	4.3	10.1
	文化工作者下乡服务（培训、写春联、摄影）	25	7.7	18.0
	劳动技能比赛	16	4.9	11.5
	民俗旅游	29	8.9	20.9
	庙会	23	7.1	16.5
总计		325	100.0	233.8

---

① 李翔：《少数民族地区公共文化服务体系建设研究》，硕士学位论文，西北师范大学，2012年。

在调查中发现，丹寨县作为少数民族聚居的地区，少数民族群众更愿意收看民族类节目和演出，期望有更多的民族类语言电视台或者反映自身民族社会经济发展形态的相关文化内容，而不是大众化的公共文化。因此，需要在保护和传承少数民族传统文化的条件下，为少数民族地区文化服务的建设提供更多如发展民族语言出版物、民族特色电视节目、民族民间文艺作品等在内的，适应少数民族文化发展，适应少数民族地区群众需求的，具有民族性、特殊性的公共文化产品。

表 2 – 38 　　　　　您认为文化服务建设需要做哪些

		响应		个案百分比（%）
		N（人）	百分比（%）	
您认为文化服务建设需要做哪些	应多开展群众文化活动	103	22.6	74.6
	加大对公共文化资源的宣传	39	8.6	28.3
	多设立或改善图书馆、体育馆等公共文化设施	59	13.0	42.8
	加强文化团队的建设	20	4.4	14.5
	多发展有本地特色的报刊、广播电视节目、音乐、歌舞、书画等文化产品	99	21.8	71.7
	改进各场馆的服务质量	18	4.0	13.0
	加大对文化资源和遗产的保护	73	16.0	52.9
	引进民营企业等社会力量参与公共文化建设	25	5.5	18.1
	多组织送文化进社区、进农村活动	19	4.2	13.8
总计		455	100.0	329.7

3. 文化教育成为少数民族地区文化服务重要的诉求点

少数民族地区地处偏远山区，文化教育基础薄弱，但是随着少数民族地区社会经济的不断发展，越来越多的人开始重视少数民族地区的文化教育，即使自身文化水平不高，其对文化教育的需求也不容忽视。从我们个案访谈来看，少数民族地区对于文化教育的服务诉求主要是以下几个方面：一是对于知识教育本身的诉求，渴望更多的接受教育的机会；二是对于民族特色文化教育的诉求，渴望民族语言教学或者民族文化在校园环境中的传承；三是对于民族地区教育工作者的服务诉求，渴望能够培养更多有"双语教学"能力的教育工作者，并且能够给予一定的财政补贴。

表 2 - 39　　　　您所需求和享有的民族文化教育服务有哪些

		响应		个案百分比（%）
		N（人）	百分比（%）	
您所需求和享有的民族文化教育服务有哪些	民族考生加分服务	103	42.2	79.8
	民族文化教学服务	58	23.8	45.0
	民族教师津贴	44	18.0	34.1
	民族语言教学	39	16.0	30.2
总计		244	100.0	189.1

本章小结

　　本章通过梳理民族村镇广电服务现状和需求来显示现有广电服务有待完善的地方，为下文提出对策和评估系统提供参考。本章第一节先从广电服务的上层概念公共文化服务入手，分析两个典型调查对象——丹寨县和高坡乡的公共文化服务现状，明确其存在的不足，指出公共文化服务的四个问题。本章第二节直指核心主题——民族村镇广电收视现状分析，借此明确了民族村镇广电传输存在的三大问题。我们认为，完善公共文化服务和广电传输，必须根植于少数民族村镇的语境，包括现有的少数民族传播形态及未来可能的发展趋势，只有这样，所采取的措施才可能是有效的。故而，本章第三节对少数民族传播形态及未来可能的发展趋势加以较为详细的阐述。本章第四节是面到点的一种尝试，阐述丹寨县的教育现状、文化传承服务现状和村镇文化需求。这样做的目的是给出典型，使公共文化服务和广电传输的不足具体化，为后面提供有针对性、具有可操作性的对策提供线索。

第三章　民族村镇广播电视
基础设施服务体系

少数民族广电服务由两部分组成：一部分是传输基础设施服务体系即硬件设施，另一部分是服务的内容等即软件部分。本章从硬件的角度讨论少数民族广电传输。在简单解释少数民族广电传输硬件服务概念之后，基于实地调查，从总体上对少数民族广电传输硬件服务的基本现状加以概括；然后基于民族村镇的实际情况、相关科学技术发展的水平和期望要达到的少数民族广电传输的硬件水平，提出一个针对少数民族广电传输的硬件服务评价体系；参照这个服务体系，从供给与布局、工程硬件建设角度进一步对少数民族广电传输的现状加以具体、深入的了解。基于上述讨论，本章最后有针对性地提出一个多元覆盖的、提高少数民族广电传输硬件设施水平的模式。

第一节　民族村镇广电传播硬件服务标准

这一节先说明少数民族广电传输硬件服务的必要性和重要性，然后对少数民族广电传输现状加以梳理；然后，结合要达到的目标，提出一个少数民族广电传输硬件服务标准，以便有效、全面提高各个民族村镇的少数民族广电传输硬件设施，为提供更好的软件（内容）服务打下良好基础。

一　民族村镇广播电视传播的硬件服务

广播电视传播的硬件服务，主要是指广电信号传输覆盖渠道的服务，重点包括信号的传输服务和信号的接收服务两个方面。实现少数民族村镇广播电视公共服务供给方式多元化，首先要推动少数民族地区的广播电视传输覆盖渠道服务向多元化发展，为广播电视节目内容服务奠定渠道基础。因此，做好广播电视传播的硬件服务，是广播电视公共服务的基础。打好硬件服务的基础，才能实现广电"村村通"的目标，为少数民族地区群众打开广电窗口，丰富少数民族群众的文化生活。只有打好硬件服务基础，才能为广播电视节目内容传播奠定良好的渠道基础。在国家发改委等有关部委和各级地方党委政府的大力支持下，目前已基本实现广播电视公共服务均等化的目标，确保广大人民群众的基本视听权益。少数民族村镇的广播电视传输工程，也在逐步建设和完善中。不过，目前少数民族广电传输还是存在许多不足，还有许多可以完善的地方。民族村镇的广电传输硬件服务建设，重点包括信号的传输服务（即广播电视的渠道建设）和信号的接收服务两个方面。

二　民族村镇广播电视传输硬件服务的基本现状

1. 民族村镇广播电视硬件服务现状调查

广播电视公共服务的重点，要从少数民族自身的需求和实际出发，才能根据现有的实际情况，有针对性地对于少数民族村镇广电传播服务进行提升。本次课题组采用实地调查访问及问卷抽样调查的方法，选取了贵州省有代表性的少数民族村镇进行走访调研，关注广播电视传输服务在少数民族村镇中实现情况以及现存问题，并希望结合少数民族村镇广播电视的硬件服务情况，进一步提出有的放矢的解决方案。

贵州省位于我国西南地区，具有独特的地质构造和地形地貌，是世界上喀斯特（岩溶）地质地貌最集中、发育最典型的地区。贵州也是一个多民族省份，其中世居民族有汉族、苗族、布依族等 18 个民族。少数民族自治地区土地面积 9.78 万平方公里，占全省面积的55%。由于其地理位置独特，且少数民族村镇多且分散，具有一定的代表性，同时也给广播电视的传输服务带来了难度和提出了挑战。因此，在本次课题研究以贵州省少数民族村镇作为主要研究对象，关注广电传播服务在其少数民族村镇中的执行现状和目前所遇的突出问题。

此次调查重点为贵州省两个代表性少数民族村镇，分别是镇山村和西江千户苗寨。两个村镇均为少数民族村寨，但地理位置有一定的差异性。

两区域的调研共发放问卷 400 份，回收有效问卷 387 份。调查旨在了解少数民族村镇中广播电视的收视情况；少数民族村镇中家庭用户广播电视的使用情况；少数民族用户对于广播电视内容的需求情况等。

本次问卷调查，由课题组的研究生和本科生组成的调查员，共计35 人，要求访问员在问卷发放与回收的过程中，严格执行调查标准。同时对调查对象家庭进行现场观察，实时记录调研对象家庭在广播电视使用和需求方面的情况，对问卷调研的信息进行适当的补充。

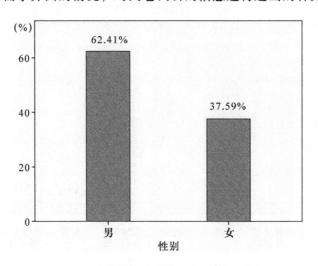

图 3 - 1 民族村镇广播电视用户基本情况

本次被调查对象以少数民族村镇中的中青年为主。调研对象中男性占62.41%，女性为37.59%。受访者家庭主要是三代同堂的居住形式，文化程度整体偏低，以初中文化为主（占调研总人数的31.94%）其次为小学或高中学历。其中，没有接受过正式教育的人数占总人数的20.14%。受访者的人均年收入为1000元以下居多，占比72.2%，主要收入来源为种植蔬菜粮食。

（1）民族村镇用户电视接收和使用情况

广电传输的终端设备是信息传输的重要环节，电视机和收音机的硬件设备终端的拥有量直接影响少数民族地区用户对于广电信息的接收。本次调查发现，在电视机的拥有量上，以家庭为单位，有65.22%的农村用户家庭有一台电视机，24.64%的用户家庭拥有两台电视机，在少数民族家庭中多数拥有电视信息接收的硬件设备，但仍有少部分家庭没有电视机，无法接收到电视信息。同时，除了终端设备的拥有量之外，在少数民族家庭中，电视的接收方式，以有线网为主，部分家庭采用有线数字电视接收信息。

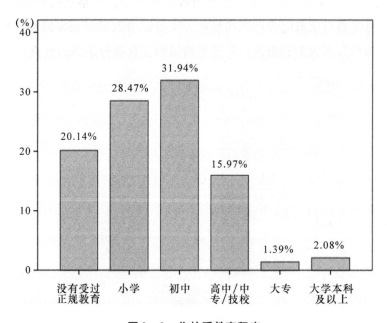

图3-2 你的受教育程度

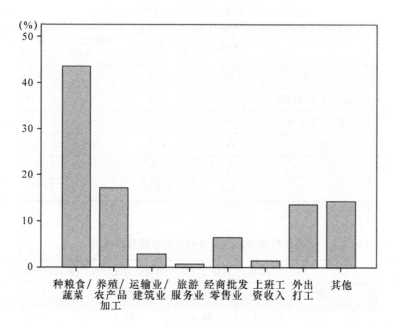

图 3 – 3　你家庭收入的主要来源

对于现有的电视收视费用，有 54.9% 的受访者表示可以接受，也有 28.5% 的用户表示，现有的收视费用太贵。对于用户的收视习惯调查中，有 82.6% 的用户表示平时不看电视，看电视的用户仅占总人数的 3.5%。

表 3 – 1　　　　　　**你家里目前使用的电视机有几台**

		频率	百分比（%）	有效百分比（%）	累计百分比（%）
有效	1 台	90	62.5	65.2	65.2
	2 台	34	23.6	24.6	89.9
	3 台	12	8.3	8.7	98.6
	4 台	2	1.4	1.4	100.0
	总计	138	95.8	100.0	
缺失	0	6	4.2		
	总计	144	100.0		

表 3 - 2　　　　　民族村镇家里电视信号的接收方式是什么

		频率	百分比（%）	有效百分比（%）	累计百分比（%）
有效	有线网	89	61.8	65.0	65.0
	一般室内/室外天线	23	16.0	16.8	81.8
	碟形卫星电视	25	17.4	18.2	100.0
	总计	137	95.1	100.0	
缺失	0	7	4.9		
总计		144	100.0		

表 3 - 3　　　　　民族村镇中家庭每月的电视收视费用情况

		频率	百分比（%）	有效百分比（%）	累计百分比（%）
有效	太贵	41	28.5	29.9	29.9
	一般，可以承受	79	54.9	57.7	87.6
	不花钱，免费	17	11.8	12.4	100.0
	总计	137	95.1	100.0	
缺失	0	7	4.9		
总计		144	100.0		

表 3 - 4　　　　　　　　居民收看电视的比例

		频率	百分比（%）	有效百分比（%）	累计百分比（%）
有效	看	5	3.5	4.0	4.0
	不看	119	82.6	96.0	100.0
	总计	124	86.1	100.0	
缺失	0	20	13.9		
总计		144	100.0		

（2）民族村镇用户广播接触和使用情况

在用户收音机的拥有数量上，被访者家里没有收音机设备的用户占总数的 78.87%，仅有 21% 的用户家庭表示家里有收音机。同时，收听过广播的用户也相对较少，在问卷调查中显示，仅有 36.36% 的用户表示收听过广播。

表 3-5　　　　　　　　　　**家庭收音机拥有情况**

		频率	百分比（%）	有效百分比（%）	累计百分比（%）
有效	有	30	20.8	21.1	21.1
	没有	112	77.8	78.9	100.0
	总计	142	98.6	100.0	
缺失	0	2	1.4		
	总计	144	100.0		

在接收广播的终端上，用传统收音机设备接收广播信息的用户相对较少，仅占 13.2%，大多数用户是通过村里的大喇叭接收到广播信息，占总数的 26.4%。有 20.8% 的用户通过电视机接收广播信息，6.3% 的用户通过车载收音机接收广播信息。

（3）少数民族村镇文化设施建设情况

调查数据显示，少数民族村镇中的文化设施建设相对完善，大多数村镇有文化设施的建设，在调查走访的区域，居民居住附近有文化设施建设的占比 69.4%，在少数民族村镇中，文化设施建设的比例较高，但是，目前，对于文化设施的使用率相对较低，有占比 36% 的居民表示对于文化设施并不了解，有近一半的居民表示对于文化设施的现状不太满意，且认为文化设施的形式相对单一，使用频率不高。

目前，少数民族村镇文化设施的建设情况，呈现出建设普遍但形式单一且使用率不高的特征。主要体现在，文化设施的建设没有具体针对当地居民的切实需求，更多的是普遍统一性建设。同时，还有部分居民表示对文化设施的投入和使用不够了解，没有形成使用习惯，有待加强宣传。

2. 结论和讨论

通过对两个少数民族村镇的调查与走访，我们可以大致了解到广播电视在少数民族村镇的建设及普及情况，掌握民族村镇居民对于广播电视的需求状况。

（1）民族村镇广电传播服务中硬件设施有待加强

调查显示，随着民族村镇广播电视公共服务的建设，广播电视服务扩大了民族村镇的覆盖率，基本满足了少数民族地区、村镇收听收看广播电视信息的需求，丰富了少数民族村镇用户的业余生活。

但是调查显示，民族村镇的广电硬件建设还存在着一定的缺失，主要体现在广电覆盖及终端设备建设两个方面。在广电覆盖方面，现有的信号传输主要以无线传输为主，满足了大部分偏远地区接收电视信息的需求。在传输的质量上，和目前的城市电视传输还是有一定的差距，差距主要体现在电视节目的清晰度和节目的频道上，相比县级城市而言，目前民族村镇电视收看的频道相对较少，且部分地区电视传输清晰度不佳。另外，广电终端设备的建设有待加强。调查显示，在广播传输的过程中，广播信号覆盖率较高。但是，终端接收设备拥有量相对较少。作为广播传输，传统的接收设备为收音机。调查数据显示，调查中仅有21%的用户家庭中有收音机设备，且较少使用，终端设备的缺失在很大程度上影响了广播传输的效果与广度。同时，信息设备的发展，新媒体的产生所带来的冲击，使得用户对于传统广播的使用需求降低，尤其是当下年轻人，已经几乎没有用收音机接收信息的媒介使用习惯。目前，大部分少数民族村镇为满足用户的广播收听，在民族村中建设了大喇叭广播传播，弥补了广播终端接收设备缺失的不足。但是，通过村头喇叭进行的广播的信息传输，在信息传输的时效性和清晰度上，有明显的不足。且以大喇叭为终端设备的传输，用户无法自主选择信息接收的时间和内容，缺乏主动性，影响信息的传播效果。

因此，在广电硬件服务中，一方面要加强渠道建设，另一方面，对于终端设备的建设也要给予高度的重视和关注，特别是广播的传输。广播在农村信息传播与文化建设中仍然有着重要的不可或缺的作用。同时，在维护现有设备基础的同时，也要注重设备的升级换代，在保证少数民族村镇可以接收到广播电视信息的基础上，进一步提升广播电视传播的质量。

（2）广电传输的内容应满足少数民族用户的需求

基础设施建设和内容建设是广播电视公共服务的两项重要内容。调查发现，少数民族村镇用户，家里通常可以接收到电视信息。但是在问到他们平时是否收看电视时，回答不看电视的用户高达82.6%。不看电视的原因，一方面是少数民族农村的生活习惯影响，另一方面很重要的原因来自电视传播的内容。大多数用户表示，收看电视的主要动机为消遣娱乐和获取外界信息。但是在目前传输的电视内容中，极少有针对少数民族村镇用户开设的特定频道。由于区域性、语言性差异，有多数用户反映，很难在电视中获取到所需信息，导致电视用户缺失。

表3－6　　　　　　　　　　民族村镇居民收看电视的比例

		频率	百分比（%）	有效百分比（%）	累计百分比（%）
有效	看	5	3.5	4.0	4.0
	不看	119	82.6	96.0	100.0
	总计	124	86.1	100.0	
缺失	0	20	13.9		
	总计	144	100.0		

因此，丰富广电传输的内容，才能真正达到广播电视服务的目的。在硬件建设满足需求的同时，要加强少数民族区域的频道内容建设，有针对性地满足少数民族村镇用户的内容需求。部分少数民族地区语言与普通话差异较大，可以开设少数民族区域的特色频道，打破语言障碍。另外可以关注少数民族用户的需求，设置一些贴近用户的栏目，增强节目的参与性。在内容服务中应不断地创新，贴近少数民

族区域用户的生活，满足他们对于广电信息的需求，才能更好地发挥广电传输服务的作用。

表3-7　　　电视里的农业技术信息太少，满足不了我们的需求

		频率	百分比（%）	有效百分比（%）	累计百分比（%）
有效	非常不同意	2	1.4	1.4	1.4
	不同意	34	23.6	24.6	26.1
	说不清楚	41	28.5	29.7	55.8
	同意	48	33.3	34.8	90.6
	非常同意	13	9.0	9.4	100.0
	总计	138	95.8	100.0	
缺失	0	5	3.5		
	系统	1	0.7		
	总计	6	4.2		
	总计	144	100.0		

表3-8　　　　民族村镇居民对电视节目太少的态度评价

		频率	百分比（%）	有效百分比（%）	累计百分比（%）
有效	非常不同意	3	2.1	2.2	2.2
	不同意	33	22.9	23.7	25.9
	说不清楚	34	23.6	24.5	50.4
	同意	43	29.9	30.9	81.3
	非常同意	26	18.1	18.7	100.0
	总计	139	96.5	100.0	
缺失	0	4	2.8		
	系统	1	0.7		
	总计	5	3.5		
	总计	144	100.0		

（3）周边公共文化服务设施管理与完善的不足

周边公共服务设施的建设是广电传输公共服务的完善和补充。调查数据显示，大部分少数民族村镇用户（69.4%）表示在周边有公共文化服务设施，但是使用频率相对较低，他们对周边文化服务设施满意度不足50%。部分用户反映周边的文化设施老旧，使用效率不高。且对于文化设施的使用，有近30%的居民，表示不清楚，不知道该如何使用，或是用在什么地方。调研数据反映，大部分民族村镇有投入公共服务设施，但是由于缺乏有效管理和推广应用，当地居民对于文化设施的了解不足，缺乏使用意识，还有部分设施老旧，以至于大部分文化设施没有发挥其应有的作用。民族村镇公共文化设施的建设，应该关注当地居民的切实需求，进行有针对性的投放；同时，建立良好的维护体系，使设施可以持续地使用与维护，并给予及时更新。

表3-9　　　　　　　　　民族村镇文化设施建设情况

		频率	百分比（%）	有效百分比（%）	累计百分比（%）
有效	有	100	69.4	83.3	83.3
	没有	20	13.9	16.7	100.0
	总计	120	83.3	100.0	
缺失	0	24	16.7		
总计		144	100.0		

表3-10　　　　　　　民族村镇居民对于周边文化设施的满意度

		频率	百分比（%）	有效百分比（%）	累计百分比（%）
有效	满意	59	41.0	54.1	54.1
	不满意	50	34.7	45.9	100.0
	总计	109	75.7	100.0	
缺失	0	35	24.3		
总计		144	100.0		

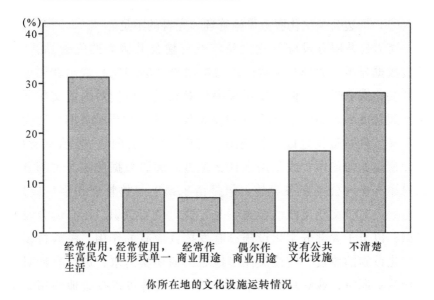

你所在地的文化设施运转情况

图3-4 民族村镇文化设施运转情况

三 构建民族村镇广播电视传播的硬件服务评价体系

根据国办发〔2006〕79号文件规定，对于广大农村地区，要大力提高广播电视无线覆盖水平，使广大农民群众能够无偿收听收看到包括中央第一套广播节目、中央第一套和第七套电视节目，以及本省、本地第一套广播电视节目共4套以上无线广播节目和电视节目。对于无线覆盖无法解决的"盲村"，要通过直播卫星方式解决农村群众收听收看广播电视的问题。① 为实现广播电视公共服务均等化的目标，满足广大民族村镇群众的收视需求，构建广播电视的硬件服务评价体系，可以从以下几个方面作为评价标准：

1. 广播电视的普及度②

普及度是广播电视提供公共服务的客观条件，同时也是广电传输

---

① 《张海涛同志在全国广播电视村村通工作会议上的讲话》，《广播电视信息》2008年第7期。

② 任丙超：《试论我国广播电视公共服务评估体系》，《湖南大众传媒职业技术学院学报》2011年第6期。

服务达到率体验的重要条件。因此普及度指标应该作为广电传输服务的基础指标。普及度又有四个方面的标准。

（1）广播电视信号覆盖率。广播电视服务建立的基础，是广播电视信号的覆盖，覆盖指标还包括信号覆盖的范围和信号覆盖的质量，覆盖强调是否到达，质量则反映于少数民族群众是否具有平等接收广电信号的条件。

（2）终端设备普及率。终端设备的普及反映两个方面，包括少数民族地区群众终端设备的拥有率和设备基本性能的满足。终端设备的普及是群众接收信息的基本条件，终端设备的性能，反映在互联网时代下技术快速更迭所带来的终端设备的更新，反映群众是否能同步实际接收到差别不大的信息内容质量。

（3）终端接收节目丰富度。少数民族村镇大多处于偏远地区，受地理环境影响，对于广播电视信息的接收相对困难。同时，因少数民族的民族特殊性，会出现语言文化难以沟通的现象。构建民族村镇广电传输硬件服务，不仅要重视对不同区域节目资源量的考核，更应该把握对节目内容的考量。

（4）节目内容适宜度。少数民族广播电视公共服务的对象是少数民族群众，少数民族村镇广电传输服务的对象为少数民族区域用户。由于少数民族区域用户的受教育程度、对于媒介信息的理解程度等客观接受条件不尽相同，这就要求广播电视媒体的节目要大体上浅显易懂，容易接受，符合少数民族区域的需求和理解程度的节目。

2. 广播电视机构的公共服务水平

广电"村村通"工程的实施，不仅需要前期的硬件建设，还需后期的管理与维护，这是保障用户可以长期获取广电信息的重要途径。提升广播电视机构的公共管理服务水平，保持现有硬件设备的维护、更新与完善，才是广电服务可持续发展的保障。广播电视机构的公共服务水平又有三个衡量标准：管理水平、服务态度和服务能力。

（1）管理水平。体现在广播电视机构的规范、运作效率等能力。

提升广电公共服务管理水平，可以从以下几方面改进完善：改进分层负责体制。目前，我国广播电视的管理体制还有待进一步完善，多数农村广播影视公共服务建设的主要责任落在县一级，但由于县级财力整体偏弱，县级广电市场经营空间小，实力弱，难以保证应有的广电的硬件设施的投入，导致农村广电设施投入出现严重不足及发展滞后现状。基层普遍反映，中央和省级在广电硬件建设方面对县级投入少，对基层广电支持的项目少，建议完善农村广播电视机构的公共服务水平，落实好分层负责管理制度，在中央、省、市、县四级政府按比例分摊广电公共服务体系的专项建设资金时，中央和省级财政应承担更多的投入比例，让农村群众可以获得更多的广电服务的福利。要建立管理考核评价机制，把广电公共服务体系管理建设纳入各级党委政府科学发展综合考核范围，加大广电公共服务体系考核在综合考核测评中的比值，可把广电公共服务体系建设与各项任务与经济发展的任务目标一起进行考核，并且分类制定广电公共服务的质量标准体系，建立健全广电公共服务机构评估系统和绩效考评机制。由此，提高广电公共服务的管理运作效能，有效地保障提升广播电视机构的公共管理服务水平。

（2）服务态度。优质的服务是广播电视公共管理服务水平的重要体现。服务态度评价来源于少数民族群众对于管理服务的主体的主观评价。对于广电公共服务态度评估，主要的工作就是明确服务态度的评估对象、评估主体和调查对象。评估对象就是政府提供广电服务工作态度，评价来源于少数民族群众对于管理服务的主体的主观评价。既为主观评价，应由主管政府部门与少数民族群众代表组成联合评估工作小组，由他们组织开展管理服务的评估工作，监督评估过程、分析评估结果，并保障评估结果的公正有效性。评估的主体，应体现少数民族区域广电服务所涉及的范围，主要是广电服务人员与少数民族区域人员的服务态度评估。调查对象，以少数民族地区广播电视服务的受众为主体，让群众满意，是最主要的主观评估依据。由此可见，广播电视服务体系中，态度评估的核心工作就是如何全面客观、及时有效地反映广大受众对广电公共服务态度的认可和满意度。

（3）服务能力。从主客观两个角度反映：客观上包含现有设备先进程度等技术因素，主观上包括受众的主观认同、人员专业技能水平等指标。评估指标为广电服务的硬件设施的建设和投入，包括广电覆盖，周边公共文化服务设施的建设，广电信号在民族村镇的传输清晰度，广电内容的完善。同时，也包括用户对于广电服务的满意度，反映人员的专业技能水平，以及适时解决用户问题的能力。

3. 两个重要的评价指标

除了上面的两个标准外，还有以下两个重要的指标可以作为评价民族村镇广播电视传播硬件服务评价体系的重要参数：广电的覆盖率和特定收视率。

广电的覆盖率是用户接收到广电信号的基础性条件，为更好地满足少数民族村镇居民群众日益增长的精神与文化需要，需要加快广电硬件服务工程的建设，基本实现少数民族村镇广播电视全覆盖。但是，受多种因素的制约，少数民族村镇因地理环境与文化差异性，在广电覆盖的推进工作中，仍面临着不少困难，目前仍未实现全覆盖。民族村镇广播电视传播硬件服务评价体系，广电的覆盖率是评价的基础，需要广电部门，在广电覆盖建设中，分析制约少数民族村落广播电视覆盖工程建设的不利因素，采取切实有效的措施，提升广电覆盖率，确保少数民族村落广播电视覆盖率达到90%以上，有线电视覆盖率达到90%，通户率达到80%。另一个重要的评价指标为广电的特定收视率，民族村镇广电服务建设，不能单以信号的到户为评价指标，因民族村镇用户的文化、语言的差异性，对于广电内容的服务需求也是同样重要，需要为少数民族村镇用户制作满足受众需求的内容节目，实现收视的有效性，才能切实反映民族村镇广电传输服务落实的有效性。因此，在民族村镇广播电视传播的硬件服务评价体系建设中，广电的覆盖率和特定收视率应作为两个基础性的评价指标参数。

四 少数民族广电传输频道的供给与布局

前面基于实地调查之后，针对少数民族广电传输现状给出了一个概括性的介绍，结合少数民族村镇的实际情况和现有研究，提出了一个针对少数民族广电传输的硬件服务评价体系。为了对少数民族村镇广电传输有一个深入的、感性的认识，这一节和下面一节分别较为详细地介绍少数民族村镇广电传输频道的供给现状和工程硬件建设现状，并对有关现状进行反思，指出其可能存在的问题和不足，便于本章最后一节有针对性地提出解决的方案。

1. 少数民族村镇广电传输频道的供给现状

我们的实地调查显示，少数民族村镇广电传输存在许多可以进一步完善的地方的，比如在所有能够接受的栏目中，有关少数民族广播电视栏目的比例偏低；有些频道的内容与少数民族相关，但遗憾的是传播的媒介是普通话，这减少了这些频道的节目受众。

（1）少数民族广播电视栏目占比失衡

我国是一个统一的多民族国家，少数民族区域的广电传输服务主要作用包括两个方面：一方面，让少数民族区域用户可以及时接收到外界信息，感受当下时代的巨变与发展，及时了解和把握外界环境的变化，以更好地适应社会发展；另一方面，广播电视传输服务，应该把少数民族区域的文化风采、生活面貌更好地传播、传承，让其他区域的用户，可以通过广电传输服务，更为具体形象地了解到不同少数民族特有的文化和风俗。目前，在我国"村村通"工程的全力推进下，基本已实现广电服务的全覆盖，基本满足了少数民族村镇以及偏远少数民族区域收听收看广播电视节目的需求，打开了少数民族村镇用户了解外界的窗口，带来了全新的生活方式和生活观念，丰富了他们的文化娱乐生活。但是在少数民族文化传播方面，广播电视的服务还不能很好地满足用户的需求。调查显示，大部分民族村镇用户反映，广播电视中的少数民族节目太少。

广播电视传输服务中，少数民族栏目出现严重失衡的状态。从表

3 - 11 可以看到这种情况。

表 3 - 11　　　　　　　全国广播栏目民族构成表①

民族频率		数量（人）	所占比例（%）	累计百分比（%）
民族	非少数民族	869	95.6	95.6
	少数民族	40	4.4	100
	合计	909	100	

由表 3 - 11 可见，全国广播栏目的民族构成极不均衡，非少数民族的栏目占了 95.6% 的比重，少数民族栏目仅有 4.4%，少数民族群体的利益没有在广播栏目设置中得到充分考虑。

表 3 - 12　　　　　　　全国电视栏目民族构成表②

民族频率		数量（人）	所占比例（%）	累计百分比（%）
民族	非少数民族	1388	100	100
	少数民族	0	0	100
	合计	1388	100	

由表 3 - 12 可见，2013 年的数据显示，在中央电视台所有频道和全国所有省级卫视频道中，并没有设置专门的服务于少数民族的栏目。目前，在全国的电视栏目中，加强了对于少数民族栏目的重视，例如央视频道开办了《中华民族》栏目，属于中国少数民族的专题类栏目，该栏目介绍少数民族地区的民族风俗、文化环境、地域特征，反映了我国少数民族人民的精神面貌。部分少数民族区域也开办了少数民族语言广播电视节目。但是专门服务于少数民族的栏目依然占比极小。

---

① 石长顺、石婧：《中国广播电视公共服务》，光明日报出版社 2013 年版，第 82 页。
② 石长顺、石婧：《中国广播电视公共服务》，光明日报出版社 2013 年版，第 87 页。

我们的实地调查显示，相当一部分的少数民族村镇民众已经明显感觉到少数民族栏目的缺乏，并表达了他们的不满。

表3－13　　丹寨县电视受众对当地电视节目几个角度的评价（人）

		看电视使我知道了很多外界的事情	看电视可以帮助我学习许多知识	看电视使我与别人有了谈话题	看电视影响了我与家人的交流时间	电视里的少数民族节目太少	电视里的农业技术信息太少，满足不了我们的需求
个案数	有效	142	140	140	138	139	138
	缺失	2	4	4	6	5	6
众数		4	4	4	2	4	4

从表3－13可以看到，有139人反映（约16%的调查对象）电视里的少数民族节目太少。参考对其他问题做出回应的人数可知，少数民族节目太少，与其他问题同样显著和重要。

（2）少数民族语言频道开设不足

少数民族用户，在广播电视的信息接收过程中，最大的问题是语言障碍。大多数少数民族区域用户使用的都是本族少数民族语言，对汉语的理解有限甚至根本听不懂。因此，在广播电视节目中，由于普通话水平和文化程度受到限制，少数民族语言电视频道成为少数民族受众的收视首选。以西藏地区为例，在西藏地区，藏族群众收看最多的是藏语卫视，比例达89.3%；其次是中央电视台新闻频道，比例为51.5%。在收看频率上，藏语卫视的收看频率较高，有77.1%的受访者经常（每周有3天及以上）或几乎天天收看藏语卫视。同时，在西藏地区，受访者最为偏好的首先是藏语节目，选择比例达87.1%；其次是翻译成藏语的节目，比例为70%；有关西藏的汉语节目和一般的汉语节目选择比例相对较低。由此可见，受到语言文化的影响，少数民族区域用户更倾向于收听收看与自己生活更为接近的本土少数民族节目。但是，目前，我国针对少数民族区域特别开设的频道还非常有限。包括一些少数民族聚集的省份，例如云南省、广西壮族自治区、贵州省等，都没有针对当地的少数民族开办少数民族特殊频道。目前，针对少数民族区域用户开办的少数民族语言频道主要有以下几个：

第一，延边卫视。我国唯一的朝鲜语卫星电视媒体，卫视语言朝鲜语和汉语的比例达到了1∶1。较好地满足当地群众对于广播电视信息的需求。

第二，康巴卫视，即四川康巴藏语卫视频道。这是四川在藏区开通的第三个卫视频道。频道用藏语播出，满足了当地使用康巴藏语的藏族同胞看电视的需求，解决了之前看不懂、听不懂的问题。

第三，新疆卫视。服务于新疆维吾尔地区及周边懂维吾尔语言的观众的卫视频道。频道以新闻为主，综艺栏目为支撑，实现哈语、汉语、维语节目在同频道播出，从多方面满足了当地少数民族用户的信息娱乐需求。

第四，吉林延边广播电视台。从这个电视台的网站可以获悉，该电视台有专门的朝鲜语频道。最近几年，朝鲜语频道的人才队伍得以扩充、加强，节目内容也不断丰富。这拓展了不熟悉中文的朝鲜族观众获取信息的渠道。不过，从整体上说，该电视台提供的朝鲜语节目还是比较少的，这可以从该电视台延边卫视提供的节目单看出。而该电视台的延边信息港所提供的信息则全部使用汉语作为传播的媒介。虽然延边电视台已经注意到了为当地少数民族人民提供朝鲜语节目的必要性，但是，鉴于各种原因，朝鲜语的频道和节目还是没有能够做大，未能为当地少数民族人民提供满意的或者与城市相当的电视频道和节目服务。

第五，云南电视台。云南多彩的民族文化为其带来了良好的经济效益。这与云南电视台注重民族文化的宣传有密切关系。云南电视台的少数民族节目《旅游新时空》等节目从不同的角度向观众展示了云南的风土人情。云南电视台还制作了纪录片和影视作品，使外界对云南的文化和生活方式有较多的了解。不过，基于有关资料可知，面向当地少数民族人民的节目，云南电视台提供的还是不足的。在对外宣传比较充分并且获得（经济）利益的情况下，云南电视台为当地少数民族人民提供的节目相对缺乏。当地少数民族，特别是那些未能掌握汉语的人，他们获取信息的渠道受到了明显限制。可见，即使像云南这样电视宣传做得比较好的省份，在为少数民族人民提供均等化服务方面，还是存在一定问题的。其中一个问题就是注重对外宣传而忽略了当地少数民族享受广电服务的权利。

在开辟少数民族语言电视栏目方面，上述电视台是做得相对较好的。尽管如此，他们提供的少数民族栏目还是不能完全满足当地少数民族民众的需求。跟上述五家电视台相比，贵州电视台还有较大差距。这种差距在现有研究和我们的实地调查（表3－13）都有清晰反映。另外，我们调查所获得的下表（表3－14）进一步印证了贵州电视台少数民族栏目较为缺乏。

表3－14　　　　　　丹寨县少数民族民众期望看到的电视节目

| | | 响应 | | 个案百分比（%） |
		个案数（人）	百分比（%）	
你更希望在电视中看到哪类节目	希望在电视中看到少数民族生活习俗，历史文化	66	26.6	49.3
	希望在电视中看到农业科技知识	30	12.1	22.4
	希望在电视中看到农村致富信息	43	17.3	32.1
	希望在电视中看到电视剧，综艺节目	58	23.4	43.3
	希望在电视中看到时事新闻	51	20.6	38.1
总计		248	100.0	185.1

从表3－14可以看到，希望看到少数民族生活习俗、历史文化节目的民众占比最大。这反映了丹寨县少数民族栏目缺乏的严重程度。

我们针对贵阳市花溪区石板镇和花溪区高坡乡的调查得到了相似的数据和结论。可见，贵州少数民族村镇的少数民族电视栏目缺乏程度应该是相对严重的。

　　总之，相对于我国多民族的现状，少数民族语言频道的占比仍然偏低，少数民族人民未能享受应有的广电服务，这使得他们获取信息的渠道受限，思想处于相对封闭的状态，不利于少数民族地区的发展，降低了少数民族人民的幸福感和生活质量。这种状况在贵州更加严重。

　　2. 少数民族村镇广电传输频道的布局思考

　　少数民族区域用户受地域语言文化的影响，在现有的广播电视信息接收中，受到语言传播的影响，对现有的汉语频道的信息接收有一定的困难。少数民族区域用户更倾向于收听收看到与本民族生活密切相关的栏目，收看本民族语言传播的原生节目。但是，目前针对少数民族区域用户开设的频道占比较少。仅仅通过传播覆盖，实现广电村村通，并不能保障少数民族受众真正均等地接收到广电信息。还应进一步改善广电传输频道的内容服务，才能更好地满足少数民族用户对于广电信息的本质需求。

　　目前，少数民族频道开设较少的原因来源于卫视的市场化竞争。少数民族语言频道属于特殊受众群体频道，因其覆盖面小，受众群体少且消费能力不高，影响频道的广告营收。广电频道的广告营收和频道节目单覆盖率、收视率、区域人口的经济规模等多因素相关，互为影响，互为因果。广告营收高可以使电视台提高节目质量，提高收视率，扩大覆盖面率，从而进一步良性循环、提高广告收入。反之，缺少广告收入支持，电视台在节目制作、覆盖落地方面都会面临困难，影响其发展。少数民族语言频道，因其自身的特殊性，在频道的市场竞争中很难获取优势，因而也限制其开设与发展。

　　推进少数民族语言频道的开设与发展，促进少数民族区域广电服务的均等化，至少在少数民族聚居的省级卫视中创办一个到两个专门服务于少数民族的频道或栏目，建设与发展少数民族频道，需要政府的扶持。因其受众的特殊性，政府应当给予少数民族频道以政策倾向性扶持与资金支持。一方面，国家可以参照"西新工程"西藏卫视和新疆卫视覆盖办法出台相关政策扶持，另一方面，需要中央政府或自治区政府提供专项资金扶持。同时应给予少数民族电视台从业人员一定的待遇补贴，提高从业者的积极性，留住人才，才能制作更好的少数民族语言节目，推动少数民族语言频道的发展，将广播电视公共服务均等化落到实处。

第二节　民族村镇广播电视信号"村村通"工程硬件建设

这一节我们来观察贵州民族村镇实施广电信号"村村通"工程硬件建设的情况。本节的讨论显示，"村村通"工程目前还未能为民族村镇的广电传输服务提供令人满意的基础设施，还有完善的空间。这一节的内容，将为下一节进一步提出一个综合性的解决方案提供根据。

一　民族村镇广电覆盖的主要方式

民族村镇广电信号"村村通"工程的硬件建设重点之一是保障广电的传输覆盖基础，为此广电覆盖工程的设备选择与维护是重要保障。在建设过程中，传输覆盖工程的技术性和设备的选择维护，是在实践中面临的首要问题。在工程的实施过程中，应当根据各地的地理环境、人居情况，做好充分的调研；再根据各种设备的性能与特色，根据当地的资金分配等相关因素，有针对性地对工程进行选择取舍。

在广播电视渠道建设方面，我国目前已形成了无线、有线、卫星、互联网多重覆盖，模拟和数字并存的现状。农村广播的传输覆盖主要采取有线和无线传输相互补充的方式。有线传播的传播方式和无线传播的传播方式大有不同，主要区别在传播载体上的不同：无线传输主要是通过卫星进行传输，而有线传输主要通过光缆进行传输。在我国，广播电视的传输，比较重要的方式是卫星传输，其次是光缆传输。现阶段，我国卫星传输的应用范围是非常广泛的，技术也相对成熟。有线传播的传播方式和无线传播的传播方式，因其在传播载体上的不同，反映在其传输所需的硬件条件、客观环境以及传播效果上也有所不同。

少数民族区域，在复杂地理条件下进村入户的广播传输，可以采取有线传输与无线传输相结合的方式。因地制宜，根据当地具体的环境条件，选择适宜的传输方式，以实现较好的传输效果。

在电视信号的传输与覆盖方面，目前"村村通"的实现方式以无线传输覆盖、有线网络、卫星接收—转发系统等技术为主。

（1）无线传输。覆盖面广，对于地域广阔、人口居住分散的地区以及非固定形式接收的用户是十分有效的覆盖手段。无线传输覆盖接收方式，接收成本较低。

（2）有线网络覆盖。有线网络的覆盖，主要指光纤通信系统。光纤通信系统主要由光纤作为信号传输媒介，所传输的载波为光波，组成器件主要有发射机、光纤连接器、光接收机、光中继器、耦合器，等等。光纤通信系统的传输的优势是：容量较大且保密性良好、传输速度快、所占体积小，同时有着其他系统无法比拟的抗电磁干扰能力，在远距离且对通信网络能要求较高的信号传输中极为适用，在少数民族村镇进行有线网络的覆盖，可以较好地保障信息传输的质量，同时使用有线网络进行广电信号的传输，可有效确保视音频拥有较高的清晰度，能够满足当下数字化电视节目制作需求。但前期硬件投入较大，且一些人烟稀少，地理环境复杂的区域，光纤通信系统的建设难度较高。

（3）接收卫星信号。卫星传输系统主要由地球接收站、上行发射站、转发器、测控站等部分组成。广播电视节目制作中心所发出的信号会经过上行发射站处理，在调制基础上进行功率与上变频放大处理，之后将上行波段信号由定向天线向卫星发射，在转发器的作用发挥下，将地面信号进行放大与变频处理。在现阶段的广播电视信号传输中，卫星传输系统应用极为广泛，通信卫星的通信范围也在进一步扩大，可实现同时段对数百套电视节目信号进行有效传输，并且能够保证较快的传输速度与较强的传输功能，不足之处是，卫星传输受到风力、雨量等自然天气因素的影响较大。随着数字化技术的逐渐成熟，现如今的卫星传输系统在稳定与抗干扰方面有所提升，进一步保证了卫星所传输的广播电视节目信号。通过卫星接收的方式，可减少有线网络前期硬件的大量投入，且可以发挥自身优势，适合相对偏远的少数民族村落。对于少数民族村镇，接收卫星信号可采取以下两种方式：面对少数民族村落数量较多、居住相对集中的偏远地区，可以先在村内布设网络，再通过小型的地面接收机统一接收，然后进行转发。在人烟相对稀少的区域，可以考虑通过独立的卫星接收器和解码器直接接收电视信号，这种接收系统的安装调试比较简单，灵活性也比较大。

二 民族村镇广电覆盖现存的问题

中央领导在 2007 年 1 月 8 日 "村村通" 专题工作会上的要求和国办发〔2006〕79 号文件规定，对于广大农村地区，要大力提高广播电视无线覆盖水平，使广大农民群众能够无偿收听、收看到包括中央第一套广播节目、中央第一套和第七套电视节目，以及本省、本地第一套广播电视节目的四套以上无线广播节目和电视节目。对于无线覆盖无法解决的 "盲村"，要通过直播卫星方式解决农村群众收听收看广播电视的问题。

广播电视 "村村通" 工程，旨在让广大农民看到、看好电视，听到、听好广播。少数民族村镇的广电覆盖工程也同样面临困难，需要不断调研，因地制宜、结合用户的需求，才能更好地实现广电村村通，满足少数民族村落的广播电视的需求。在民族村镇的广电覆盖工程中，主要面临以下几方面的困难：

1. 自然村落相对分散，覆盖成本高，难度大。民族村镇多处于偏远地区，根据自然地理环境，天然构建形成。部分村落居民居住分散，给农村广播电视的覆盖工程也带来了很大的困难。以贵州民族村落为例，贵州由于是喀斯特地质地貌最集中、发育最典型的地区，具有独特的地质构造和地形地貌，由于山多坡陡，贵州少数民族村落呈现居住极为分散的现象。由于山高谷深，居住分散，使无线发射不能进行有效的覆盖，有线联网又难度大、成本高。分散的居住条件也给"村村通"广电覆盖工程提出了挑战。

2. 经济落后区域，广电覆盖工程建设存在资金上的困难。我国幅员辽阔，区域经济发展不平衡。目前，还有部分地区经济发展落后，对于广电传播的硬件建设与维护相对困难。尽管地方政府对"村村通"工作很重视，但难以拿出足够的资金来搞建设和维护。少数民族村镇大多是自然村落，地处偏远，与外界沟通往来较少，农村贫困面大，不少偏远的贫困山区，虽然国家帮扶安装了卫星电视接收设备，但仍有少部分农户买不起电视机，缴不起电视费，出现了有卫星接收天线、无电视机设备收看的情况。

三　民族村镇广播电视的传输覆盖的建设思考

我国地域广阔，南北差异明显。民族村镇的形成大多是自然村的形式，少数民族居民根据自身的生活习性，其房子依山傍水而建；部分村落位置偏远，住户分散，西部高原区域还有很多村落建于山间。这些天然环境，都给"村村通"广电覆盖工程建设带来了困难和挑战。面对这样的现实条件，民族村镇的广电覆盖工程，不能一概而论，需要当地建设部门，根据村落现实环境实地调研，结合当地环境和用户需求，因地制宜提出有针对性的解决方案，才能真正落实广电覆盖"村村通"工程。

广电的传输覆盖，可坚持因地制宜、具体问题具体分析的原则。结合不同的村落特征，发挥广电传输的技术优势，扬长避短。例如在人口住户较少，住户的居住又较为分散的村镇，可以采用无线发射来提高覆盖面。在人口较多，居住又相对集中的地方，就可以通过建设小型有线网络的方式来提高广播电视覆盖率。有线传输的优势在于不仅可以提高覆盖率，还可以进一步提高节目的收看质量和增加节目的容量；并且建设小型有线网络的性价比高、价格适中，可以为大多数农村用户所接受。

对于边远地区且居住分散的少数民族地区，可以采用卫星共用天线，用农村常见的"村锅"等方式来进行覆盖，可以保障边远的且居住分散的村镇居民可以收听、收看到多套广播电视节目。

完善广电信号接收终端的建设和广电信号传输覆盖渠道的服务，重点包括信号的传输服务和信号的接收服务两个方面。民族村镇的广电传输服务的体系的构建，在提升少数民族村镇广播电视的覆盖工程的同时，也要改善民族村镇广播电视信号接收的终端设备，才能保障广播电视公共服务的内容得到顺利的传播。广播和电视的信号接收终端不同，需要区别看待。

1. 民族村镇的广播信号接收终端设备建设

广播作为传统的大众传播媒体，在信息的传输过程中起到了不可替代的作用，广播出现以来，一直是重要的大众传播媒体。简便的设备、快捷的传播，使其在新媒体丰富的今天仍旧拥有相当多的听众。广播的终端设备相对比较简单，费用低廉，便于用户接收信息，且广播属于伴随性媒体，更有利于农村用户在劳作时收听信息，丰富生活。民族村镇中广播传播最常见的终端设备为收音机和村头的大喇叭。作为公共传播硬件的建设，为保障少数民族村落用户可以顺利收听到广播信息，首先应该完善民族村镇中的大喇叭建设，使没有收音机的用户也可以在村镇中定时收听到广播信息。

目前，民族村镇用户中，有收音机设备的家庭占比并不高。据之前的调查，家里拥有收音机设备的家庭仅占20%，有近80%的家庭表示没有收音机设备，几乎没有收听到广播信息。随着信息技术的发展，现在收音机设备已经相对普及，并且十分便携，价格低廉。对于民族村镇的农户来说，购买收音机设备并不会带来很大负担。收音机设备用户量不多的原因更多应该来源于媒介接触习惯。现在受新媒体的冲击，不少用户特别是年轻用户群体，更多倾向于用手机这样的移动新媒体来获取信息，对于传播广播的收听频率也日趋降低。对城市用户的调查发现，广播虽然受到了新媒体的冲击，但用户还有平缓的增加，但是，在城市用户中，用收音机收听广播的用户占比也是极少数，广播的手机终端更多的是来源于车载广播。因广播独有的伴随性，使得上班族用户可以在上下班途中接收到及时有趣的信息。随着私家车用户的增长，广播的收听数量出现了增长。因此，在民族村镇的广播接收终端的建设中，对广播的信息接收终端应该不仅局限于收音机，同时也应适应当下的媒介发展，关注电视广播的完善，以及手机媒体广播的传播，拓展广播的传播渠道。

2. 民族村镇的电视信号接收终端设备建设

电视机作为电视信号的接收终端，已经成为现代家庭的必备产品。电视作为传统媒体中唯一一个声画结合的媒体，从一出现就受到了用户的热爱，成为传统传播媒体之首。随着技术的发展，电视机也在不断地更新迭代。电视在传播的画面、声音，可接收的频道上，发生着巨大的变化，也在不断更新受众的观感，通过终端设备技术的提升，给予电视受众更好的感官体验。

随着电视技术的普及，以及现有农村经济水平的提高，电视机已经成了农村家庭的生活电器标准配置。调查显示，在少数民族村镇中，电视设备在家庭中的拥有量已经达到了100%，有23.6%的家庭中拥有两台以上的电视机。但是，在少数民族村镇用户家庭中，电视机设备的传输质量并不好。还有很多家庭使用的是老式模拟信号电视机，在传输信息的质量上，不能实现较好的视听效果，影响用户的信息接收。对电视机终端设备的完善，可以采用家电补贴、以旧换新等政策，帮助少数民族用户家庭电视终端的更新升级，使他们有更好的视听体验，同时也便于公共信息在电视中的传播，为少数民族村镇公共服务传播提供高质量的信息传播平台。

第三节　民族村镇多元覆盖的广电工程基础

前面几个小节在讨论少数民族广电传输的硬件过程中，指出了现有的不足并触及了一些解决问题的办法，这一节集中讨论如何针对少数民族广电传输硬件的不足，提出解决的方案。本节提出一个多元覆盖的解决方案，以期解决上面三节所提出的民族村镇广电传输硬件方面的不足或问题。

一　进一步提高少数民族村镇广电传输覆盖率

此处先介绍全国广电传输覆盖率的有关情况，然后介绍少数民族村镇的覆盖率。两者对比显示，民族村镇广电覆盖率大幅低于全国平均数，因而有必要采取措施进一步提高民族村镇的广电传输覆盖率。

1. 我国城乡广电传输覆盖率基本情况①

截至 2023 年底，全国广播综合人口覆盖率 99.71%，电视综合人口覆盖率 99.79%，比 2022 年（广播 99.65%、电视 99.75%），分别提高了 0.06 和 0.04 个百分点。

（1）有线电视覆盖情况

2017 年全国有线广播电视覆盖用户数达 3.36 亿户，比 2016 年（3.10 亿户）增加 0.26 亿户，其中数字电视覆盖用户数达 3.04 亿户。在数字电视覆盖用户中双向覆盖用户数达 1.86 亿户，比 2016 年（数字电视覆盖用户数 2.75 亿户，双向数字电视覆盖用户数 1.42 亿户）分别增加 0.29 亿户和 0.44 亿户。

（2）有线电视实际用户情况

受互联网发展、网络视听习惯变化的影响，用户收视习惯发生变化，全国有线电视实际用户数继续下降。2022 年全国有线广播电视实际用户数 1.9964 亿户，比 2021 年（2.0423 亿户）减少 0.0459 亿户，同比下降 2.25%。其中，全国有线数字电视实际用户数 1.9199 亿户，比 2021 年（1.9634 亿户）减少 0.0435 亿户，同比下降 2.22%；数字电视实际用户占有线电视实际用户数比例

---

① 《2017 年全国广播电视行业统计公报》。

为 96.17%，比 2021 年（96.14%）提高了 0.03 个百分点，有线电视数字化率进一步提升。

2. 贵州民族村镇广电覆盖率

从现有的资料看，贵州民族村镇广电服务的硬件设施并不是人们通常所认为的那样落后。实际上，近些年贵州民族村镇广电的硬件得到了全面的提升，这主要归功于以下几个因素：

首先，贵州广电服务建设，在大发展环境下具有一定的优势。2016 年 3 月，贵州省被国家确定为首个国家级大数据综合试验区，为贵州的发展提供了巨大的潜力。贵州省是电力大省，在气候、能源、地质等方面具有"先天优势"①，这些优势使得贵州在发展大数据有关产业方面更具有竞争力。大数据产业的发展，助力贵州 GDP 的增速，过去几年，贵州的 GDP 增速一直排在全国前列。比如 2016 年，在一些省份 GDP 出现负增长的情况下，贵州的 GDP 增速仍然达到了 10.5%，全国排名第二。② 良好的大环境，极大地促进了贵州少数民族村镇广电业的发展，无论是资金还是技术方面都得到了良好的保障。

其次，在上述大环境下，贵州省适时推行了"广电云"工程，全面提高了民族村镇广电的覆盖率。据央广网 2017 年 2 月 24 日报道，贵州在全国率先实现广电光缆行政村全覆盖。如此，贵州"广电云""村村通"工程实现了预期目标：2016 年，全省共投入资金 17.62 亿元，新建广电光缆 63000 多公里，新建机房 2000 个，开通 11103 个行政村"广电云"信号，在全国率先实现广电光缆行政村全覆盖。③从另一个报道可以看到，2016 年至 2017 年，全省多彩贵州"广电云"村村通户户用工程建设累计投入资金 33.74 亿元，新建通村入户光纤 23.75 万公里，1.7 万个行政村广电光纤全覆盖，乡镇广播影视

① 新华网：中国首个国家级大数据综合试验区正式获批开建，2018 年 10 月 13 日，http://www.xinhuanet.com/local/2016-03/01/c_1118203287.htm。
② 中商情报网：2016 年全国 31 省市 GDP 总量及增速排行榜，2018 年 10 月 13 日，http://www.askci.com/news/finance/20170207/09543389777.shtml。
③ 央广网：贵州在全国率先实现广电光缆行政村全覆盖，http://news.cnr.cn/native/city/20170224/t20170224_523619190.shtml，2018 年 10 月 13 日。

综合服务站达 800 个，有线广电用户达 628 万户；2017 年当年，全省新增多彩贵州"广电云"用户 133.64 万户，铺设光纤 17.4 万公里，新建乡镇综合服务站 302 个。① 这样一来，到 2018 年初整个贵州省已经有 900 万户为"广电云"所覆盖，可以用上光纤传送的广电信息。从贵州省人民政府网站可以看到，到 2017 年末贵州省常住人口是 3580 万人。② 如果一户人家平均算四个人，那么意味着"广电云"已经覆盖了几乎所有的家庭。这一判断从贵州省发展和改革委员提供的数据得以印证：截至 2017 年底，贵州省互联网出省带宽 6730Gbps，光缆线路长度 90.00 万千米，互联网用户总数 3505.71 万户；年末移动电话用户数 3792.27 万户，比 2016 年末增长 16.2%。③ 从这些数据可以看出，在广电传输的覆盖率方面，贵州省不仅没有落后于全国平均数，而且还可能超过了全国。不过，相比全国其他省份和城市，贵州民族村镇广电在覆盖方面还是存在一些问题的。

3. 贵州民族村镇广电覆盖存在的问题

目前随着"村村通"工程的实施与推进，我国的广播电视传输通过无线、有线、卫星传输三种主要技术方式，基本已实现民族村镇的全覆盖，保障了少数民族村镇的广播电视的接收，基本消除了广电的覆盖盲区，此外还较好地解决了过去自然村落听不到广播、看电视难的问题。民族村镇的广电覆盖工程未来的发展重心要由覆盖到村，落实到信息到户，根据民族村落的自然条件，因地制宜、因户制宜推进广播电视覆盖和入户接收，采用多元覆盖技术，基本实现少数民族村落实现广播电视"户户通"。不过，目前民族村镇广电覆盖还是存在一些问题的。

---

① 贵州省新闻出版广电（版权）局：多彩贵州"广电云"村村通户户用视频观摩总结会在贵阳召开，http://www.gzpp.gov.cn/xwzx/tpxw/201801/t20180123_2234821.html，2018 年 10 月 13 日。

② 贵州省人民政府：2017 年末贵州省常住人口 3580 万人，http://www.gzgov.gov.cn/xwdt/gzyw/201804/t20180416_1114027.html，2018 年 10 月 13 日。

③ 贵州省发展和改革委员：2017 年贵州省国民经济和社会发展统计公报，http://www.gzdpc.gov.cn/zwgk/zdgk/tjsj/201804/t20180404_3229573.html，2018 年 10 月 13 日。

（1）垄断问题

目前，广电传输留给用户的选择不多。深入了解民族村镇广电覆盖情况可知，许多地方的覆盖只是单层的：一个村镇可能只被移动网络所覆盖，另一个村镇则可能只被联通或者电信网络所覆盖。即使像贵阳花溪大学城这样人口较为密集的地方，也存在垄断和分割的情况。在贵州财经大学，只能安装联通网络。但是，联通手机的信号并不是很好，在一些地方，联通手机没有任何信号。在大学城，移动的信号倒是很好，但是在财经大学却无法安装移动网络。这种情况下，导致客户必须付出更大的代价才能同时较好地使用网络和手机。

（2）贵州民族村镇的广电费用偏高

这应该与垄断紧密相关，同时，也与贵州广电传输不成熟密切相关。沿海发达地区一般不存在垄断问题，同一村镇通常同时被移动、联通、电信所覆盖。村民不仅可以选择任意一家通信公司，而且，他们所付出的通信费比贵州民族村镇人民所要付的费低得太多。这就导致了下一个问题。

（3）贵州民族村镇广电的实际使用率并不高

沿海发达地区收入高，而人们为广电传输付出的费用却比贵州低很多。贵州收入低，少数民族人民为广电传输付出的费用却要比沿海人们多，这必然会导致广电设施使用率的降低。在沿海地区，一户人家同时使用几个网络账号是比较普遍的，这种情况在贵州的民族村镇就要少得多。这导致贵州少数民族村镇人民在享受广电传输所带来的便利方面远远不如沿海发达地区的人民。

二　推进地面数字电视的发展

为解决民族村镇广电传输存在的问题，首先要更加高效地传输广电信息。世界发达国家使用推进地面数字电视的方式，进行广电信息的高速传播，实现了广播电视的传输方式从模拟信号向数字信号转换。我国从 2007 年开始在 300 多个大中城市建立地面数字电视频道，开展数字电视覆盖服务。在现有的无线电台基础上推进地面数字电视建设。既节省了大量基本建设资金，又提高了频率频道资源的利用率，这提升了电视节目质量，也受到了用户的喜爱和认可。在少数民族村落，加快数字电视的推进，基本实现地面无线广播电视数字化，有线广播电视网络数字化、双向化、智能化是未来少数民族村落广电覆盖服务的发展方向，实现广电服务均等化，使少数民族村落的用户也可及时接收到高清晰度、频道丰富、可互动的广播电视节目。

随着互联网技术的高速发展，少数民族村镇的广电覆盖可以利用互联网资源传输广播电视信号。三网融合还将促进广播电视传输覆盖技术的发展，目前已有不少地区结合新技术推进广电覆盖。例如，2016年多彩贵州"广电云"村村通工程启动，在全国率先实现广电光缆行政村全覆盖。累计新建乡镇广播影视综合服务站146个，解决了广大农民群众特别是少数民族群众看电视、上宽带的精神文化需求。利用互联网络和传统广播电视传输覆盖网络资源，可以在现有基础上更好地丰富少数民族村镇用户的广播电视节目内容，提高用户视听体验。

在现有民族村镇多元覆盖的广电工程基础上，结合新技术，充分运用互联网、大数据、云计算等新技术手段，真正实现少数民族村镇的广电全覆盖；可将广电公共服务与信息化进行结合，使得偏远的少数民族村落用户不仅可以接收最新的广电信息，同时也可感受到新媒体信息传输给生活带来的便利和变化，提高他们的幸福感。

三 打破垄断、提供多重覆盖

贵州民族村镇广电传输费用高昂的一个重要原因就是垄断和区块分割。这不仅给民族村镇人民带来不便，而且也给他们带来了经济上的损失，并最终导致广电传输的真实覆盖率和使用率下降。所以，必须打破垄断，提供多重覆盖，为民族村镇提供多项选择，提高广电传输的利用率。考虑到贵州的实际情况，不妨采取以下措施：

首先，政府须有进一步的动作。有必要在行政上干预有关的广电公司，制定并执行法规，打破广电传播的垄断。当然，考虑到贵州的实际情况，如地形、民族村镇的人口分布比较分散等，政府可以考虑给营运商一定的经济补助，允许他们适当提高收费。但是，收费不能比沿海地区贵太多（目前贵阳花溪大学城网络的收费就比温州这些沿海城市贵一倍，而且用户还无法选择营运公司）。

其次，营运公司应该采取更加经济、有效的广电传输模式，提高他们的营运效率。这方面营运公司可以做许多工作。比如，投入更多的科研经费，引进或者研发更有效的广电传输手段，引进或者开发更为有效的经营、管理模式等等。

不同营运公司需加强合作，提供客户满意的服务。参照发达国家或者沿海发达地区的做法，不同营运商应该加强合作，对他们不同的广电网络加以整合，为客户提供多重覆盖、多种选择。客户是否满意，才是决定营运商前途的根本因素。

本章小结

本章从硬件方面讨论贵州民族村镇广电传输的现状和存在的问题。在解释了有关概念之后，本章基于实地调查对少数民族村镇广电传输的基本现状加以简单的梳理。接着，基于这种现状、目前相关科技水平和期望的少数民族广电传输硬件水平，提出了一个有针对性的硬件服务评价体系。对照这个服务体系，深入探讨了目前少数民族村镇广电的供给、布局和硬件建设的现状，指出不足，并提出了对策。

从表面上看，贵州少数民族村镇的广电硬件设施和覆盖率都不输于中国其他地区。但深入探究可知，少数民族村镇广电传输的硬件跟其他一些地区相比还是存在明显差距的，有必要采取各种措施对其加以改进。

第四章　民族村镇广播电视
内容服务体系

前面一章我们主要讨论了民族村镇广电传输的基础设施服务系统，即硬件设施。这一章我们来讨论民族村镇广电传输的软件——传输内容。如果说前面一章的讨论显示民族村镇广电传输服务的硬件跟城市或者发达地区相差不是非常明显的话，这一章的讨论显示在服务内容方面，民族村镇广电传输跟发达地区或者城市存在较大的差距。本章首先在第一节明确少数民族村镇广电服务系统的任务和目标，以便我们对照民族村镇广电传输内容方面的现状，发现问题和提出对策。第二节、第三节梳理以五大少数民族自治区和贵州省为代表的少数民族地区（村镇）广播电视公共服务体系的节目内容生产现状。第四节对照少数民族村镇广电传输的任务、目标与现状，指出问题，提出对策。由于本章的核心是民族村镇广电传输服务的内容，本章最后一节（第五节）针对如何完善少数民族村镇广电传输服务内容提出具体的措施。

第一节　少数民族地区广播电视公共
服务体系的任务和目标

在中国，政治因素是中国媒介管理制度发展变迁过程中的重要因素；同时，中国媒介管理制度尤其是内部运营管理制度的变革也凸显出经济因素的重要性，呈现出鲜明的市场逻辑和思维。就传媒业而言，由资源配置格局带来的不均衡、不公正的问题也很突出，尤以城乡差距、东西部差距格外引人注目。关注社会资源分配公平及其带来的可持续发展问题，是现阶段或未来相当长的一段时间内中国广播电视公共服务体系建构的首要问题。

中国地大物博，幅员辽阔，民族众多。中国的少数民族聚居地主要分布在西北、西南和东北等边疆地区。2013年9月和10月，中国国家主席习近平分别提出建设"新丝绸之路经济带"和"21世纪海上丝绸之路"（简称"一带一路"）的合作倡议，该倡议引发国际社会的高度关注和热烈呼应。"一带一路"贯穿亚非欧大陆，连接着活跃的东亚经济圈和发达的欧洲经济圈，地处中间的国家经济发展潜力巨大。根据"一带一路"的走向，中国的新疆、重庆、陕西、甘肃、宁夏、青海、内蒙古、黑龙江、吉林、辽宁、广西、云南、西藏13省（直辖市）、自治区进入到丝绸之路经济带，上海、福建、广东、浙江、海南5省（直辖市）成为21世纪海上丝绸之路的新坐标。坐落于丝绸之路经济带上的13省（直辖市）、自治区正好位于中国的西北、西南和东北等边疆地带，这些地区是不同民族文化、多元宗教信仰的交会之地。对这些地区而言，"一带一路"带来的不仅仅是经济和贸易的合作与发展机会，更是各种文明间的交流互鉴。在"一带一路"建设的总体框架下，更好地满足边疆地区人们的信息需求，提升少数民族地区新闻传播的舆论引导力，促进多元文化交流，增强各少数民族对社会主义核心价值体系和中华民族整体观念的认同显得至关重要，这也是当下少数民族地区广播电视公共服务体系建构过程中非常重要的议题。由此看，少数民族地区广播电视公共服务体系的主要任务和目标至少包含了以下几个方面：

一　提供信息，促进政治参与

服务公众需要，这是广播电视自诞生的那天起，就具有的天然使命和社会功用，也是它致力追求的目标。在公众对广播电视所提供的公共服务内容的期待中，信息需求居于各种需求之首。人们基于媒介机构提供的信息把握环境的诸种变化，以更好地适应变化的环境并促成自身发展。少数民族地区的公共广播电视机构所提供的信息不仅应充分披露信息，满足人们的信息知晓需求，而且应当能够使该区域内的公众对社会事件形成最为客观和公正的见解，让互异的、多样的、不同的人群和族群能够充分展示各自的看法和观点，成为对一定区域的公共事务展开讨论的公共论坛。我国少数民族地区多处于边疆地带，民族成分复杂；同时，由于地理环境和历史发展的因素影响，少数民族地区在社会经济文化发展中往往处于弱势状态，面对风云变幻的国际形势，充分传播主流话语，强化新闻舆论引导，同时为少数民族地区的公众开通表达政治需求、政治观念的通道显得尤为必要。

二 提供优质的教育和娱乐

少数民族地区的公共广播电视也要为本地区广大的公众提供优质的教育和娱乐节目。首先，从教育的功能看，不论过去还是现在，公共广播电视作为一所没有围墙的学校，在远程成人教育方面毫无疑问都扮演了重要的角色。例如，公共广播电视机构播放的对农广播电视节目在亚洲地区的农业发展过程中发挥了重要的作用，人们通过这些节目获取农业生产资讯、学习先进农业科技、提高农业生产效率。2022年10月16日至10月22日中国共产党第二十次全国代表大会在北京召开，大会指出全党全国各族人民迈上全面建设社会主义现代化国家新征程、向第二个百年奋斗目标进军的关键时刻。公共广播电视机构应深入贯彻党的历次重要会议精神，积极推进精准扶贫、精准脱贫工作的开展，通过有效的沟通渠道，帮助少数民族地区的民众获得教育提升，共享国家和社会改革发展成果的机会。其次，从公共广播电视的娱乐功能看，少数民族地区广播电视公共服务体系建构过程中，更应强调其娱乐节目应当与商业媒体区分开来，不能如同一些商业媒体一样，只注重经济效益而不注重社会效益，同时其娱乐节目必须有新意，必须契合该地区人群和族群的文化特性和需求，呈现出区域社会文化的多样性。

三　塑造少数民族集体记忆与国家认同

源远流长的中华文化是我国各少数民族文化的统一体。在泱泱数千年的历史长河中，少数民族文化与汉文化"你中有我，我中有你"，形成水乳交融、密不可分的关系，使得中华文化呈现出统一性和多样性的鲜明特征。从中华民族使用的语言上看，我国的56个民族的语言就分属于阿尔泰语系、印欧语系、南亚语系、汉藏语系和南岛语系五个截然不同的语系，各民族文化的异质性由此可窥一斑。在中国发展的历史新时期，面对国内外反动势力的险恶用心，我们在坚持文化统一性的同时也应该尊重和保护民族文化的多样性。具体到少数民族地区的广播电视公共服务体系建构过程，我们应致力于提供与区域内少数族群先在的价值观念、历史经验相契合的节目内容，营造恰当的语境，才能够更好地解决国家认同与少数族群自身身份认同之间的问题。因此，加强本土制作力量，在内容制作团队中体现出文化多样性，使主流价值观念与少数民族受众的文化需求和特殊的价值观念逐步融合，是通过公共广播电视建立国家和民族认同的关键所在。

第二节　五大少数民族自治区广播电视公共服务体系的节目内容生产现状

在"西新工程""村村通工程"顺利推进的现实背景下，我国广播电视事业整体呈现出百花齐放、欣欣向荣的景象。各少数民族地区的广播电视机构为了宣传民族文化，展现少数民族特色，促进不同民族间的交流与融合，不断深入挖掘当地的少数民族文化和传统习俗，借鉴现代传播技术和电视节目制作新模式，将一系列具有民族特色的广播电视节目打造成为各民族文化交流和展示的重要平台。

新疆、西藏、内蒙古、宁夏、广西五大少数民族自治区是中国最具代表性和示范性的少数民族区域，这里的少数民族人口占到了全国少数民族总人口的 76% 。从地理位置来看，新疆、西藏、内蒙古、宁夏、广西五大少数民族自治区地处祖国边陲。西藏自治区位于青藏高原的西南部，它的北边是新疆维吾尔自治区，东边与青海、四川、云南接壤；南边和西部紧挨着缅甸、印度、不丹、锡金和克什米尔等国家和地区。新疆地理位置特殊，地处亚欧大陆的中间地带，陆地边境线有 5600 多公里，因而作为战略位置非常重要。从地理位置看，中国新疆与俄罗斯、哈萨克斯坦、吉尔吉斯斯坦、塔吉克斯坦、巴基斯坦、蒙古、印度、阿富汗八国接壤。从历史发展看，新疆自古以来就是丝绸之路上的重要通道，现在更是贯通亚欧大陆的一座重要的桥梁。内蒙古自治区位于我国北部边疆，横贯东北、华北、西北地区，是中国邻近省份最多的省级行政区之一，它的北边是蒙古国和俄罗斯联邦。宁夏地处中国西部的黄河上游地区，东边毗邻陕西省，西部、北部与内蒙古自治区为邻，南部与甘肃省相连。广西是我国唯一的沿海自治区，也是西南地区最便捷的出海通道，它东临广东、湖南，西至贵州、云南，与东南亚各国交往频繁，在中国与东南亚的经济交往中占有重要地位。在党和国家实施"一带一路"倡议背景下，这些地区的广播电视公共服务体系建设、新闻传播格局与该地区乃至中国社会的安定繁荣、和谐稳定息息相关。基于此，本章拟以五大自治区的少数民族广播电视节目为研究对象，通过相关数据统计反映我国当前少数民族广播电视节目发展现状，旨在揭示少数民族广播电视公共服务体系建构过程中出现的问题，可以为我国少数民族广播电视公共服务体系的发展提供参考。

少数民族广播电视节目的内涵和外延是较为丰富和广泛的，但外延过于广泛并不利于对其展开精确研究。为明晰研究方向，本章根据相关研究文献的梳理，从地区和题材两个维度上对少数民族广播电视节目进行界定，将少数民族广播电视节目划分为三个层次：一是通过少数民族地区广播电视频道播出的以少数民族文化和社会生活为题材的广播电视节目；二是通过非少数民族地区广播电视频道播出的以少数民族文化和社会生活为题材的广播电视节目；三是通过少数民族地区广播电视频道播出的非少数民族题材的广播电视节目。本章着重讨论第一个层次的少数民族广播电视节目，并以我国五大自治区和贵州省的省级卫视节目作为观察对象。

一　五大自治区少数民族题材广播电视节目数量统计

1. 西藏自治区

西藏电视台于 1985 年 8 月 20 日正式成立，现拥有汉语卫视频道、藏语卫视频道两个上星频道。藏语卫视频道于 1999 年正式开播，每天播出大量的藏语专栏节目和藏语影视译制片，现有藏语电视栏目21 个。西藏电视台的知名栏目有《西藏新闻联播》《午间新闻》《高原新闻眼》《跟我学藏语》等。

表 4 - 1　　　　西藏自治区少数民族题材电视节目编排设置

节目名称	播出时间	节目时长	播出平台	节目形式
《西藏新闻联播》	每日首播时间 19：30（汉），22：00（藏）	每期 25 分钟	汉语卫视藏语卫视	新闻类栏目
《高原新闻眼》	周一至周五播出，每日首播时间 23：02	每期 20 分钟	汉语卫视	新闻类栏目
《午间新闻》	每日 13：00 汉语卫视首播，14：00 藏语卫视	每期 15 分钟	汉语卫视	新闻类栏目
《七色风》	每周日 20：00 首播	每期 30 分钟	汉语卫视藏语卫视	综艺类节目
《西藏诱惑》	周一至周五每晚 8 时首播	每期 30 分钟	汉语卫视	访谈类、探索类、人文地理类、旅游类、外拍真人秀
《邦锦梅朵》	周六、周日 18：22	每期 30 分钟	汉语卫视藏语卫视	少儿类节目

续表

节目名称	播出时间	节目时长	播出平台	节目形式
《珠峰讲堂》	周日 21：50	每期 25 分钟	汉语卫视	综艺类节目
《跟我学藏语》	周一至周日 08：15、10：35、13：55、18：15 等时段		汉语卫视	综艺/生活类节目
《在西藏》	周六 21：50 首播	每期 30 分钟	汉语卫视	综艺/生活类节目

2. 新疆维吾尔自治区

新疆电视台是新疆维吾尔自治区的第一家电视媒体，也是新疆维吾尔自治区重要的新闻媒体。目前新疆电视台拥有 15 个频道，以汉语、维吾尔语、哈萨克语等语言播出，是中国大陆播出语种和频道最多的省级电视台。其中，新疆卫视实现了维吾尔语、汉语、哈萨克语三种语言的节目每天分时段上星播出 16 个小时，覆盖人口达到 7.5 亿人。本章主要针对新疆卫视、新疆维语新闻、新疆哈语综合三个频道梳理相关数据。

表 4-2　　新疆维吾尔自治区少数民族题材电视节目编排设置

节目名称	播出时间	节目时长	播出平台	节目内容与形式
《新疆新闻联播》	首播每晚 21：30	每期 30 分钟	新疆卫视、新疆维语新闻、新疆哈语综合	新闻类节目
《新闻夜班车》	每晚 23：30	每期 30 分钟	新疆卫视	新闻类节目
《新闻午报》	每天 14：00	每期 20 分钟	新疆卫视	新闻类节目
《今日聚焦》	周一至周五 8：35	每期 10 分钟	新疆卫视	新闻类节目
《整点新闻》	周一至周五 00：45、14：00、18：00	每期 20 分钟	新疆维语新闻、新疆哈语综合	新闻类节目
《丝路·发现》	周一 23：26 周二至周五 01：10、13：05、17：05、23：26 周六 01：10、13：05	每期 20 分钟	新疆卫视、新疆维语新闻、新疆哈语综合	科教类节目

续表

节目名称	播出时间	节目时长	播出平台	节目内容与形式
《雪莲花》	每周六19：33	每期15分钟	新疆卫视、新疆维语新闻、新疆哈语综合	少儿类节目
《美丽梦想》	每天23：45	每期20分钟	新疆卫视	脱口秀
《双语跟我学》	每天14：25、18：20	每期15分钟	新疆维语新闻	综艺/生活类节目
《星星之约》	周一至周三12：25 周四至周日01：40	每期20分钟	新疆哈语综合	综艺类节目

3. 内蒙古自治区

内蒙古电视台筹建于1960年4月，1969年10月1日试播成功，是中国成立比较早的电视台之一。1997年1月1日，内蒙古电视台的蒙语、汉语卫星频道开通，覆盖内蒙古自治区、中国以及亚太53个国家和地区。内蒙古电视台现拥有8个频道：汉语卫视频道、蒙语卫视频道、新闻综合频道、文体频道、经济生活频道、农牧频道、少儿频道、蒙语文化频道。其中汉语卫视频道、蒙语卫视频道为上星频道，本章主要对这两个频道进行相关数据梳理。

表4-3　　　　内蒙古自治区少数民族题材电视节目编排设置

节目名称	播出时间	节目时长	播出平台	节目内容与形式
《内蒙古新闻联播》	每天18：30首播	每期20分钟	内蒙古卫视	新闻类节目
《午间新闻》	每天13：00	每期15分钟	内蒙古卫视	新闻类节目
《晚间报道》	每天21：20	每期15分钟	内蒙古卫视	新闻类节目
《新闻再观察》	每天21：40	每期10分钟	内蒙古卫视	新闻类节目
《内蒙古新闻》	每天19：30	每期25分钟	内蒙古蒙语卫视	新闻类节目
《晚间新闻》	每天22：00	每期25分钟	内蒙古蒙语卫视	新闻类节目
《蔚蓝的故乡》	周一至周五22：55 周六02：55、08：35、21：30 周日02：55、15：30	每期20分钟 每期30分钟	内蒙古卫视	主题性 文化类节目

续表

节目名称	播出时间	节目时长	播出平台	节目内容与形式
《索艺乐》	周三 20：15 周四 08：25 周六 08：00	每期 30 分钟	内蒙古蒙语卫视	文化调查型节目
《娜荷芽》	周三至周四 19：10 周六至周日 19：00	每期 20 分钟	内蒙古蒙语卫视	针对青少年的 服务性节目

4. 宁夏回族自治区

宁夏电视台于 1971 年 1 月 1 日正式播出，播出彩色电视节目的时间是在 1980 年。1998 年 9 月 9 日，宁夏电视台卫星频道正式播出。宁夏电视台目前拥有 5 个频道，分别是宁夏卫视、宁夏台公共频道、宁夏台经济频道、宁夏台影视频道、宁夏台少儿频道。其中宁夏卫视实现了对中国区域的全覆盖，并影响东南亚、南亚等地区，其覆盖人口达到了 1 亿人。本章主要对宁夏卫视进行相关数据梳理。

表 4-4　　　宁夏回族自治区少数民族题材电视节目编排设置

节目名称	播出时间	节目时长	播出平台	节目内容与形式
《创富宁夏》	每天 19：35	每期 15 分钟	宁夏卫视	新闻类节目
《宁夏新闻》	每天 18：30	每期 25 分钟	宁夏卫视	新闻类节目
《午间新闻》	每天 12：00	每期 20 分钟	宁夏卫视	新闻类节目
《这里是宁夏》	周一至周五 22：20	每期 20 分钟	宁夏卫视	综艺娱乐/真人秀

5. 广西壮族自治区

广西地处祖国西南边陲，人口 4800 万人，东边与广东相邻，西边与越南接壤，背靠大西南，面向东南亚，具有十分独特的区位优势和丰富的自然资源。广西电视台于 1970 年上星播出，目前全国覆盖人口超过 9 亿人，覆盖范围包括东盟各国及香港、澳门、台湾在内的多个地区，旗下拥有卫星、综艺、都市、新闻、公共、影视、乐思购、移动（南宁公交电视）8 个频道（除移动频道外），均已实现区域全覆盖。本章主要以广西卫视为观察对象进行相关数据梳理。

表4-5　　　　广西壮族自治区少数民族题材电视节目编排设置

节目名称	播出时间	节目时长	播出平台	节目内容与形式
《广西新闻》	每天18：30	每期20分钟	广西卫视	新闻类节目
《壮语新闻》	周一至周四6：10	每期10分钟	广西卫视	新闻类节目
《广西故事》	周六21：38	每期15分钟	广西卫视	纪录片
《第一书记》	周五21：58	每期40分钟	广西卫视	公益类节目
《海丝路》	周一至周六18：00	每期30分钟	广西卫视	专题性节目
《超级点子王》	每晚21：40	每期20分钟	广西卫视	服务类节目
《凡事说理》	周日18：00首播	每期20分钟	广西卫视	访谈类节目
《收藏马未都》	周六22：06	每期45分钟	广西卫视	文化类节目
《广西民歌会》	周日晚21：41	每期30分钟	广西卫视	综艺类节目
《时尚中国》	每晚22：53	每期30分钟	广西卫视	时尚类节目

　　上述统计数据显示我国五大少数民族自治区的少数民族题材广播电视节目发展势头良好，但是与这些区域内少数民族群众对广播电视机构的需求和期待仍然存在一定差距。主要表现为：（1）频率频道建设仍显薄弱。在全国五大少数民族自治区中，西藏自治区、新疆维吾尔自治区、内蒙古自治区已经开办了省级自治区主体民族语广播电视上星频率频道（宁夏回族自治区的回族已转用汉语，因此不开办民族语频率频道），而作为全国少数民族人口聚居总量最多的省份，广西壮族自治区至今未开办省级自治区主体民族语广播电视上星频率频道。在五大少数民族自治区中，新疆电视台开办的少数民族语电视频道最为丰富，其中有3个是维语频道、2个是哈语频道，新疆维语新闻频道、新疆哈语综合频道为上星频道。（2）节目形式相对单一，节目总量不足。从五大自治区上星频道的统计数据看，除去未作统计的电视剧外，新闻类节目的数量在各自治区的节目中占据较大比重。不过，一些新闻类节目的播出时间较短，缺乏深度和交互，信息量相对有限。

从节目形式的多元化看，仅有广西电视台在五大少数民族自治区的省级广播电视机构中遥遥领先，不仅拥有丰富的节目形式，而且一些节目在全国范围内具有较高知名度，如《第一书记》《广西故事》《收藏马未都》《时尚中国》等。相关调查显示，这些卫视频道的少数民族题材节目的最长播出时长仅占到了该频道全日播出时长的7%，从节目数量上看是很难满足区域内受众的期待和需求的。（3）汉语节目与民族语节目内容各有偏重。从五大少数民族自治区少数民族题材电视节目的设置可以看出，以汉语为播出语言的节目，其形式多集中在新闻信息供给与解读；而以少数民族语言为播出语言的节目更偏重于科教、综艺、文化、服务等内容。

二　五大自治区少数民族题材广播电视节目内容分析

1. 五大自治区少数民族题材电视节目的类型

胡正荣等人在《中国广播电视公共服务体系：目标与实践研究》一书中对广播电视节目进行了分类："以内容类型为标准，可将中国广播电视节目分为以下几种：（1）新闻类节目：包括消息类电视新闻栏目、专题类电视新闻节目、电视新闻现场直播等类型；（2）服务类节目：包括综合杂志类服务节目、旅游节目、电视气象节目、医疗保健节目、房产家居节目、导视节目等类型；（3）社交类节目：包括电视教学节目、电视纪录片、公益广告和各种针对青少年人群的科教节目；（4）文艺类节目：包括综艺晚会、文艺专题和音乐、舞蹈、文学、美术等专题节目；（5）电视剧：包括电视连续剧、电视短剧、电视电影等。"[1] 本章拟采用此种类型划分方法，对五大自治区具有代表性的少数民族题材电视节目做具体分析。

在各广播电视机构提供的公共服务中，新闻类节目因其提供的各种新闻信息时效性较强，对公众舆论影响力度大，属于主体性的公共

---

[1]　胡正荣等：《中国广播电视公共服务体系：目标与实践研究》，中国广播电视出版社2010年版，第74页。

服务形态。从统计数据看，五大自治区的省级台对新闻类节目给予了高度重视，这样做一方面是为了满足受众的信息知晓需求，另一方面则是因为五大自治区所处的特殊的地理位置，历史、现实等各种因素相互交叉，使得新闻舆论引导工作的重要性更加突出。

表4-6　　　　　　　　五大自治区新闻类节目的具体形态

形态 ＼ 区域	西藏自治区	新疆维吾尔自治区	内蒙古自治区	宁夏回族自治区	广西壮族自治区
消息类电视新闻	《西藏新闻联播》	《新疆新闻联播》《整点新闻》	《内蒙古新闻联播》《午间新闻》《晚间报道》《内蒙古新闻》《晚间新闻》	《宁夏新闻》《午间新闻》	《广西新闻》《壮语新闻》
专题类电视新闻	《高原新闻眼》《在西藏》	《今日聚焦》《新闻夜班车》	《新闻再观察》	《创富宁夏》	《海丝路》《第一书记》《讲政策》《凡事说理》
直播类电视新闻	《午间新闻》	《新闻午报》			

由表4-6我们可以看出：五大自治区的新闻类节目是较为丰富的，各区广播电视机构通过设置多元化的新闻栏目使新闻播出次数得以增加，新疆维吾尔自治区和内蒙古自治区对消息类电视新闻尤为重视。同时五大自治区都增设了新闻述评类节目，《高原新闻眼》《今日聚焦》《新闻夜班车》《新闻再观察》《创富宁夏》《海丝路》《凡事说理》等新闻述评节目着眼于社会上舆论反响较大的新闻事件，提供公众可参与和分享的话题平台，在强化舆论引导方面具有明显作用。

服务类节目、社教类节目、文艺类节目和电视剧四种广播电视节目的功能主要体现在如何制作健康向上的内容、如何提供高质量的公共服务上。这四种节目类型（电视剧未作统计）的具体形态如表4-7所示：

表4-7   五大自治区其他广播电视节目具体形态

形态 \ 区域	西藏自治区	新疆维吾尔自治区	内蒙古自治区	宁夏回族自治区	广西壮族自治区
服务类节目	《跟我学藏语》	《双语跟我学》	《娜荷芽》		《超级点子王》
社教类节目	《珠峰讲堂》	《丝路·发现》			《广西故事》
文艺类节目	《七色风》《西藏诱惑》	《美丽梦想》《星星之约》	《蔚蓝的故乡》《索艺乐》	《这里是宁夏》	《收藏马未都》《广西民歌会》《时尚中国》《观复嘟嘟》

受国内媒介生态环境的影响，在五大自治区广播电视机构的节目单中电视剧占据较大比例，而少数民族题材的电视节目在五大自治区卫视频道节目中只占据较小比例。除新闻类节目外，少数民族题材电视节目的类型涉及了服务类节目，如天气预报节目、福彩节目、服务于业余爱好的节目，如西藏卫视开播的《跟我学藏语》、新疆卫视开播的《双语跟我学》等，此外也涉及了社教类节目。社教节目与新闻节目、文艺节目并列，被誉为中国广播电视节目的三大板块之一。教育本是大众媒介的重要功能，而广播电视媒介自身特性所带来的丰富的表现能力和高效的传播能力，正是科教知识传播的最佳途径。西藏电视台和新疆电视台以贴近人民群众生活的内容，符合观众认知水平和认知习惯的方式精心制作的《珠峰讲堂》《丝路发现》等节目取得了良好的传播效果，而广西卫视制作的反映广西自然、人文、历史、社会发展的纪录片《广西故事》取得了不错的收视率，社会美誉度较高。与国内其他广播电视机构一样，五大自治区广播电视机构开播的各种各样的文艺类节目是除了电视剧和新闻类节目以外，最引人注目的节目类型。从统计数据看，五大自治区上星卫视的节目单中文艺类节目如百花齐放，形态丰富，既包括了围绕从艺人员或从艺组合展开的人物访谈，如西藏卫视的《七色风》栏目，也包括了对区域内自然、人文、历史、经济社会发展变迁的情节化、故事化叙述，如西藏卫视的《西藏诱惑》、内蒙古卫视的《蔚蓝的故乡》、宁夏卫视的

《这里是宁夏》等少数民族题材节目；既有纪录片，如广西卫视开播的《广西故事》，也有真人秀节目，如新疆卫视的《美丽梦想》栏目等。

2. 五大自治区少数民族题材电视节目的语种

我国五大少数民族自治区都是多民族聚居的区域，以全国少数民族人口聚居总量最多的省份——广西壮族自治区为例，仅广西一省就有壮、汉、瑶、苗、侗、仫佬、毛南、回、京、彝、水、仡佬 12 个世居民族，其中，壮族是广西省、也是全国人口最多的少数民族。12 个世居民族中，除回族已转用汉语外，其他民族均有自己的语言并都在使用，其中，壮语、瑶语、苗语、侗语、彝语、仡佬语还各自有方言。壮族、瑶族、苗族、京族、彝族为中越跨境民族，其语言文化与东盟的泰国、老挝、越南国内的民族语言文化具有渊源关系。① 在广西各少数民族语言中，壮语、瑶语、苗语的使用较广泛，而其他语种使用者数量相对较少且分布相对集中。截至 2017 年 5 月的数据显示，广西壮族自治区共有 33 个广播电视播出机构开设了民族语节目。2016 年度广西壮族自治区民族语节目制作和播出量分别达到：广播节目 43 个约 5500 小时，电视节目 59 个约 7400 小时。节目语种也由只有壮语、侗语增加到壮语、侗语、瑶语、苗语、仫佬语、毛南语等语种，民族语广播电视节目发展取得了长足的进步。不过，目前来看，作为全国少数民族人口聚居总量最多的省份，广西壮族自治区尚未开办省级自治区主体民族语广播电视上星频率频道，只在广西卫视节目单中增设了《壮语新闻》栏目。西藏电视台有藏语卫视，内蒙古电视台有蒙语卫视，而新疆电视台开办的少数民族语电视频道最为丰富，其中维语频道 3 个、哈语频道 2 个。

3. 五大自治区少数民族题材电视节目的文化内涵和深度

五大少数民族自治区地处我国边疆地区，均是多民族聚居之地。在漫长的历史发展过程中，生活在这片土地上的人们不断水乳交融，

---

① 蔡建：《发展广西民族语广播电视节目对策研究》，《视听》2017 年第 7 期。

"你中有我，我中有你"，形成了独具魅力的区域文化。藏民族文化不仅是中华文化的瑰宝，而且被视为世界文化宝库中的一颗璀璨的明珠。位于雅鲁藏布江流域中部雅砻河谷的吐蕃文化和位于青藏高原西部的古象雄文化逐渐交融形成了独一无二的西藏本土文化。佛教在公元7世纪前后对西藏宗教的逐步渗透和影响，最终形成和发展为独具特色的藏传佛教。同一时期，中原的汉文化、异域的印度文化、尼泊尔文化、波斯文化、阿拉伯文化等，都对西藏文化的发展产生了较大的影响。古象雄文化作为西藏本土文化可以说是神秘莫测，甚至很多西藏人都不了解这种文化，但实际上现代藏族同胞的许多习俗和生活方式，都烙下了古象雄文化的印记，如藏族同胞的婚丧嫁娶、转神山、拜神湖、撒风马旗、悬挂五彩经幡、刻石头经文、放置玛尼堆等独特的祈福方式也都是古象雄文化遗留在人间的习俗；新疆是世界上唯一的四大文化（古印度文化、古希腊文化、波斯伊斯兰文化、古代中国文化）的交汇之地，也是丝绸之路重要的战略通道。新疆各民族在长达千年的历史发展过程中，创造了各具特点、沉淀深厚的民族民间传统文化，如绚丽多彩的民间文学、中西交融的民间美术，民间乐器、一见难忘的民间舞蹈、多彩绚烂的服饰文化等；内蒙古是草原文化的主要发祥地和传承地之一，数十万年前，这片草原上已经有人类祖先活动，匈奴、鲜卑、蒙古族等北方少数民族在内蒙古这片辽阔的草原上留下了丰富而璀璨的民族文化烙印。内蒙古有着丰富的物质文化遗产和非物质文化遗产，物质文化遗产如元上都遗址，非物质文化遗产如蒙古族长调民歌、马头琴等，众多特色鲜明的文化财富共同构筑了在国内外具有特殊地位和影响的草原文化；宁夏回族自治区则拥有回族聚居区的传统回族文化和神秘的西夏文化；作为少数民族人口聚居总量最多的省份，广西各少数民族的传统文化、民间习俗、民间艺术、建筑特色、民间文学等构成了独一无二的亚热带文化。

五大自治区的广播电视机构围绕区域自身文化优势和特点打造出来许多优秀的广播电视节目，如新疆卫视打造的节目《丝路·发现》、西藏卫视的《西藏诱惑》、内蒙古卫视倾力打造的《蔚蓝的故乡》、广西卫视的《广西故事》等为区域内外的观众提供了优质的公共服务，一定程度上满足了他们对这片土地的探知欲望。不过，这些节目在内容上还存在着一些缺陷，即对本区域内民族文化内涵挖掘的深度不足。从节目本身看，节目的制作者更多地着眼于自然风貌、奇风异俗、民族歌舞、民族服饰这些文化表层现象，却忽略了反映文化的深层意义。这种做法带来的表层弊端是，节目制作者通过展示表层现象引发了人们的好奇心，却又不通过深入的解答去满足人们的探知欲望，长此以往会导致节目失去吸引力。而深层弊端则是有可能形成文化断层，无法良好地解决国家认同与少数族群自身身份认同之间的问题。

4. 五大自治区少数民族题材电视节目的品牌效应

品牌是人们对一个企业及其产品、售后服务、文化价值的一种评价和认知。作为特殊的市场主体，各大众媒介机构对经济效益和社会效益"两手都要抓，两手都要硬。"媒介机构生产的媒介产品也是一种商品，也需要树立品牌意识和观念，不断强化自身品牌形象，引领社会文化和时尚。只有当企业的品牌文化被市场认可并接受后，品牌才能在市场上产生其价值。在品牌打造方面，五大自治区的广播电视节目的表现不一而足。

广西卫视在打造品牌栏目方面表现突出，其电视节目设置立足广西实际，通过各品牌栏目全面反映广西的自然风貌、历史文化、旅游资源、风土人情和经济社会发展。通过不断增进少数民族对自身的认知，强化个体对本民族文化的认同，使一个个具有鲜活民族特点的个体成为广西壮族自治区对外宣传、塑造品牌的生力军。广西卫视打造了众多拥有较高收视率、社会美誉度较高的电视节目，如《广西故事》《第一书记》《海丝路》《收藏马未都》《广西民歌会》《时尚中国》等。从风格上来说，广西卫视既倾力打造相对高端的讲座式节目，也大量制作强调唯美风情、视觉盛宴的电视纪录片，更有富于浓郁乡土气息的晚会式综艺节目，能够满足社会不同层次观众的需要。内蒙古卫视精心打造的《蔚蓝的家乡》也有着不错的口碑。

5. 五大自治区少数民族题材广播电视节目的播出时段安排

广播电视节目编排是实现电视媒体整体功能的手段，节目安排是否合理直接关系到节目的传播效果。电视节目编排不仅仅是节目简单的排列组合，还要充分考虑电视受众的收视特点和心理需求，在有限的时间范畴内，把诸多电视节目以时间为序纳入延续的节目中去。五大自治区的少数民族题材电视节目的编排主要采用了"水平策略"和"周边效应编排策略"。"水平策略"意即每天在同一时段播出同样的节目，长此以往，依靠这种播出的连续性、同一性来吸引观众的持续关注，以培养自己的目标受众。从统计数据看，五大自治区广播电视机构的新闻类节目均依照此种策略进行编排。此外，其他类型的电视节目也有按照此种策略进行安排的，比如广西卫视《海丝路》栏目安排在周一至周六 18:00 播出，该档节目以"一带一路"的伟大实践为时代背景，立足广西本土，用镜头捕捉丝路共建国家在"一带一路"实践中的动态和影响，组织和开展大型采访活动，通过与沿线各国媒体记者的连线和合作，请教专家学者等诸多创新的采访手段，对"一带一路"建设过程中释放的重要政策和相关信息进行梳理、归纳和延伸性报道，对丝路共建国家和地区的新闻和经贸、文化交流盛事进行全覆盖式报道。该栏目使用"水平策略"进行持续性的编排播出，有助于培养对此内容感兴趣的观众的忠诚度，养成收视习惯。西藏卫视《西藏诱惑》栏目、内蒙古卫视《蔚蓝的故乡》、宁夏卫视的《这里是宁夏》都是按照这种策略进行安排的。"周边效应策略"是指利用自己强势的品牌节目、栏目或黄金时段播出的节目带动那些在此节目播前或播后的其他节目、栏目，以使其产生联动效应，带动、提升其他节目、栏目的收视率，从而获得电视节目编排的最大收益。统计结果显示，五大自治区的少数民族题材节目的首播时间都是安排在黄金时段或亚黄金时段，比如地区新闻联播安排在中央新闻联播后播出，能够吸引大批对国际国内形势变化较为关注的观众进行连续性收看，以取得较好的收视率和传播效果。由于同一电视台下可能同时拥有汉语卫视频道和民族语言卫视频道，在节目编排时也应尽量照顾到不同民族受众的需求，对不同平台上的同类节目进行有序的协调播出，在播出时间上尽可能交错安排，避免同类节目在同一时间段形成冲突，从而提高节目的收视率。

第三节　贵州少数民族村镇广播电视公共服务体系的节目内容生产现状

一　贵州省的少数民族构成

贵州是一个多民族融合共生的省份，少数民族人口占全省总人口的 36%（2020 年）。全国第七次人口普查显示，全省人口超过 10 万人的少数民族有苗族（450.69 万，占 11.7%）、布依族（271.06 万，占 7%）、侗族（165.09 万，占 4.2%）、土家族（169.67 万，占 4.4%）、彝族（95.93 万，占 2.5%）、仡佬族（55.03 万，占 1.4%）、水族（37.14 万，占 0.96%）、白族（21.48 万，占 0.56%）和回族（20.50 万，占 0.53%）

贵州省下设黔东南、黔南、黔西南 3 个民族自治州，紫云苗族布依族自治县，关岭布依族苗族自治县，镇宁布依族苗族自治县，威宁彝族回族苗族自治县，三都水族自治县，清州苗族侗族自治县，玉屏侗族自治县，印江土家族苗族自治县，沿河土家族自治县，务川仡佬族苗族自治县，道真仫佬族自治县 11 个民族自治县，还有 253 个民族乡。少数民族自治地区面积达 9.78 万平方公里，占全省面积的 55.5%。

千百年来，居住在贵州的各民族和睦共处，共同创造了多姿多彩的贵州文化。贵州原生态的自然环境，少数民族多姿多彩的节日，摇曳生姿的舞蹈，绚烂缤纷的民族服饰，独具魅力的民族工艺品都成为让贵州人引以为傲的贵州符号，吸引了众多来自国内外的游客前来探寻和领略它独具的魅力。据媒体报道，2019 年国庆期间，贵州省共接待游客 2855.77 万人次，同比增长 23.91%；旅游收入 434.05 亿元，同比增长 30.69%。不过，贵州少数民族传统文化也面临着日益边缘化的危机和挑战，少数民族语言和优秀传统文化的传承也是当前亟待关注和解决的社会问题，少数民族地区广播电视公共服务体系应当在解决这些问题方面发挥更加积极的作用。

二 贵州广播电视台概况

贵州广播电视台（原名贵州电视台）始建于 1959 年 1 月，因 1960 年国民经济出现暂时困难，1962 年贵阳电视实验台正式成立后又暂停筹建工作。三年后国民经济形势好转，兴办电视又提上议事日程。1966 年，贵州省委、省人民政府决定恢复筹建贵阳电视实验台，1968 年 7 月 1 日 19 时，贵阳电视实验台正式播出。1971 年，贵阳电视实验台改名贵阳电视台，1973 年 8 月 1 日贵阳电视台正式定名贵州电视台。2001 年 7 月国家广电总局批准贵州省有线广播电视台与贵州电视台合并为贵州电视台。2011 年 11 月 25 日，由原贵州人民广播电台、贵州电视台合并重组建立贵州广播电视台。

1983 年中共中央发出"四级办广播电视，四级混合覆盖"的指示后，贵州省开始设立和建设市（州、地）、县（市）电视台。经过多年的努力，截至 2018 年底，贵州全省共有 85 家播出机构，48 套广播节目，104 套电视节目。制作机构方面，全省共有广播影视制作机构 106 家；传输机构方面，全省共有广播电视发射台 108 座；省广播电视信息网络股份有限公司 1 家，下设 10 个地市级分公司和 91 个区县级分公司，总资产超过 145 亿元，公司服务城乡有线数字电视用户超过 782 万户，高清互动电视用户超过 488 万户，宽带用户达 244 万户。

走过峥嵘岁月，今天的贵州广播电视台已经发展成为融电视、广播、网站、新媒体为一体的综合性主流传播平台。截至 2019 年末，贵州广播电视台旗下拥有包括贵州卫视、公共频道、影视文艺频道、大众生活频道、法治频道、科教健康频道、移动电视频道在内的 7 个电视频道；拥有综合广播、经济广播、音乐广播、都市广播、交通广播、旅游广播、故事广播 7 个广播频率。全省广播电视覆盖率，从 1949 年广播中波覆盖率为 1.91%，1978 年电视混合覆盖率为

17.43%，发展到2023年底广播综合人口覆盖率达99%、电视综合人口覆盖率达99.24%。

贵州广播电视台于2016年启动实施的多彩贵州"广电云""村村通、户户用"工程，已经建成一张覆盖城乡、便捷高效的基础信息网络，有线光纤电视用户逆势增长，智慧广电发展成效显著并得到了国家广电总局充分肯定。据统计，2023年全年，贵州省播出广播节目时间达27.72万小时，播出电视节目时间达58.06万小时，制作广播节目时间达12.91万小时，制作电视节目时间达5.73万小时。贵州广播电视台倾力打造的一批又一批有筋骨、有道德、有温度的广播电视节目，如电视节目栏目《最爱是中华》《我在贵州等你》《关键时刻》，广播节目《评书》《文学》《微公益聚能量——我为盲人说电影》，电视剧《黄齐生与王若飞》《遵义会议》《伟大的转折》，广播剧《中国天眼》《同心湖》《蝶变—塘约道路》，纪录片《回家》《山脉·人脉·文脉》《黔茶》，微电影《大发渠》《愿舍十年换一天》《新香》等获得人们的广泛认可和喜爱，并在国内省内拿到多个奖项。

三 贵州少数民族题材广播电视节目内容生产现状

目前，贵州省共有85家播出机构，48套广播节目，104套电视节目。为便于统计和梳理，本节选择贵州广播电视台作为观察和研究的对象，以胡正荣等人在《中国广播电视公共服务体系：目标与实践研究》一书中对广播电视节目分类为依据，从贵州广播电视台发展历程对少数民族题材的电视节目进行梳理和剖析。

1968年7月1日，贵州电视台开办一套综合频道节目，无线发射，1989年10月3日由卫星转发，1996年8月1日定名为"贵州电视台卫视频道"（简称贵州卫视），并于当天正式开播。作为少数民族人口众多的省份的省级电视台，贵州电视台不断将少数民族题材纳入电视节目制作的视野。下面我们分别从新闻类节目、文艺类节目、社教类节目及服务类节目等类别梳理相关情况。

1. 新闻类节目

1969 年，贵州电视台综合频道开办第一个新闻节目《本省电视新闻》，实验性播出，1970 年更名《贵州新闻》，由不定期播出改为定期播出，1981 年前每周播出 1 次，1982 年每周播出 2 次，1983 年每周播出 3 次。1984 年，随着先进电子摄录设备的采用，电视新闻实现彩色化，新闻制作周期缩短，时效性增强，记者现场采访和同期声进入画面，电视新闻的真实感和群众的参与感增强，改变了过去形式单调、单条新闻多、动态消息多的情况。1984 年《贵州新闻》节目播出新闻 1476 条，比 1983 年增加 697 条，其中被中央电视台采用 145 条，居全国省级电视台第 14 位。贵州电视台《专题新闻》节目制作的《播火者》《来自灼甫的报道》《红水河畔女财神》《永生的光明使者》等专题播出后取得较好的传播效果，其中《红水河畔女财神》是全国第一部反映科技工作者（李桂莲）为农村脱贫致富无私奉献的电视新闻专题，获当年全国优秀电视新闻专题一等奖和全国好新闻一等奖。同年拍摄的专题片《则戎：一个昨天和今天的故事》反映了黔西南自治州兴义市则戎乡干部群众大抓农田水利基础设施建设，把瘦薄的石山地建成高产高效的米粮川的先进事迹，播出后在全省农村引起极大反响，前去参观的人络绎不绝。

1986 年，《贵州新闻》节目开始每日播出，成为向全省各族人民传达省委、省人民政府政令、传播信息的主渠道。为了办好《贵州新闻》节目，使这个节目突出贵州特色，贵州电视台对电视新闻进行改革，经常派记者深入基层和边远山乡村寨采访，报道一大批先进人物和先进典型。其在 1990 年制作播出的以《几多艰辛话农桑》为总篇名的农业题材系列节目，连续报道 60 天，播出 24 篇系列节目，取得了不俗的成绩。1993 年，贵州电视台和农业部门联合制作 10 集系列节目《托起高原的太阳》，系统介绍了全省农业的现状、出路和深化改革的典型等，得到业内外人士的好评，获得当年度贵州新闻奖一等奖。1994 年开办的大型系列节目《走向辉煌》，历时 4 个月，共播出 58 集，每集 10 分钟，于每周二、四、六的 20∶00 播出，以纪录片形式反映了新中国成立 45 周年来、尤其是改革开放 15 年来贵州省取得的成就。1995 年,《经济 900 秒》节目播出《来自全国最贫困县的报道》《春耕时节话农桑》和评论《加强国土管理》,加强了贵州省的农业宣传报道。1996 年根据省委、省人民政府提出的"开放带动战略""科教兴黔战略"和"可持续发展战略",贵州电视台开展了农业和基础设施建设系列报道、富民兴黔普通人系列报道和脱贫攻坚系列报道。

1996 年 11 月 19 日,贵州省委办公厅、省人民政府办公厅转发省委宣传部、省广播电视厅《关于开办〈贵州新闻联播〉节目的报告》,决定将贵州卫视频道的原《贵州新闻》节目改版为《贵州新闻联播》节目,每天 19 点 35 分钟播出,播出长度由原来的 15 分钟延长为 20 分钟,实行全省电视台(包括无线电视台和有线电视台、网)联播。当年 12 月 16 日,贵州卫视正式播出《贵州新闻联播》节目,实现了全省各级电视台的联办联播,加大了电视新闻的宣传力度。从 1999 年 3 月开始,贵州电视台新闻中心和省旅游局合作拍摄的系列节目《走进公园省》在《贵州新闻联播》节目中播出,全年播出 150 期,集中对贵州旅游景点和主要旅游开发景区进行宣传介绍,引发社会热烈的反响。2000 年,贵州电视台还推出 35 集大型系列报道《贵州革命老区行》,对 31 个革命老区进行报道,历时 40 天,完成交通、生态、能源、人才、旅游、重点项目 6 个挂牌栏目的报道,播出《聚焦贵州公路改造》(7 集)、《西电东送进行曲》(10 集)和《富民兴黔话实事》《九五回眸》《环保世纪行》等系列节目,在贵州卫视《贵州新闻联播》节目中形成强力宣传攻势,收到良好的效果。2003 年是贵州省建省 590 周年,9 月 29 日至 11 月 27 日,贵州电视台根据省社科院史学专家提供的 60 个选题,抽调 16 名记者、主持人组成 4 个摄制组,拍摄 60 集大型系列报道《贵州史话》在《贵州新闻联播》节目中播出,被观众誉为"看得见的历史"。2004 年 5 月下旬,《贵州新闻联播》节目播出《农民负担降下来》《政策落实到户 种粮大有奔头》《"三个基本"贵州扶贫开发的创新之举》《生态畜牧业鼓了农民钱袋子》《市委书记田间说政策》《高级农艺师田间传技术》等9篇"三农"报道，有关领导和专家认为，这组报道宣传了党的政策，推广了先进典型，反映了农民呼声，推介了致富经验，既有思想启迪，又有具体经验。2005年3月28日开始，贵州电视台启动首届"多彩贵州"歌唱大赛的宣传，播出新闻400条共计175分钟、专题31期共计200分钟、特别节目《歌王系列访谈》4期共计60分钟。同年6月贵州电视台启动"2005中国·贵州黄果树瀑布节"的宣传报道，6月10日《贵州新闻联播》节目开办《壮美大瀑布 多彩民族风》专栏节目，除及时报道瀑布节的各项准备工作外，还对省领导率队赴北京、上海、广州开展的大型宣传推介活动进行跟踪报道，播出瀑布节新闻150条、新闻专题37个。此外，新闻部组织全省9个市（州、地）电视台联合拍摄播出大型系列报道《公园省贵州》25集，展示全省各地的精品旅游景区、旅游产品和民族风情文化，进一步加大对瀑布节的宣传力度。8月16日上午，贵州卫视现场直播瀑布节开幕式暨大型文艺演出《走进贵州黄果树大瀑布》，时长1小时24分钟，集中展示了贵州雄奇壮美的自然山水和璀璨多姿的少数民族传统文化。2009年6月29至11月，贵州电视台新闻中心联合9个市（州、地）电视台拍摄100集系列报道《多彩贵州江河行》播出，系列报道以《赤水河纪行》《南北盘江纪行》《都柳江纪行》《清水江纪行》《乌江纪行》5个系列顺序，大容量地展现贵州省60年变迁的广度和深度。2010年1月4日，《贵州新闻联播》节目开办《西部大开发十年》专栏节目，分别从交通、电力、教育、民生等方面反映10年来贵州得益于西部大开发所发生的变化。1月25日，为纪念西部大开发10周年，贵州电视台和新华社贵州分社共同发起《西部行》大型采访报道活动，《贵州新闻联播》节目连续3个月开办专栏节目播出，主要内容有：从群众生活变化看西部大开发重点工程、西部大开发对民族地区安定和谐的促进、各地党政主要负责人访谈录、各地文化名人解读西部人文精神等。

贵州电视台精心制作的对外宣传节目在宣传贵州方面也起到了重

要的作用。如 1972 年春，贵阳电视台（贵州电视台前身）的记者到剑河县南哨拍摄纪录片《苗岭山区医疗队》，片长 7 分钟，在北京电视台（中央电视台前身）播出，这是贵州电视台首次在中央电视台播出的节目。中共十一届三中全会召开以后，贵州省的各项工作开始振兴，贵州电视台的对外宣传工作也随之起步和发展。1978 年，该台拍摄的专题《杉木之乡》、1979 年的纪录片《花溪之春》《苗家的节日》、1980 年拍摄的纪录片《贵州蜡染》，1981 年拍摄制作的《雁翎之花》、1982 年制作的大型文献纪录片《遵义颂》都获得了良好的社会反响。1983 年，贵州电视台将《贵州蜡染》《贵州省农村集市贸易蓬勃发展》《贵州风情》节目制作成拷贝，向三十多个国家和地区发行，其中《贵州风情》获首届全国对外宣传片评比三等奖。1984 年 9 月，贵州电视台开办《可爱的贵州》专题节目，全年播出反映贵州风景名胜、风土人情和建设成就的专题片 70 条，其制作的风情系列片《高原彝家》（3 集）、《梵净山》（4 集）在中央电视台播出，中央电视台还将《高原彝家》缩编后译成英、法、日语版向国外发行。1985 年贵州电视台拍摄制作 158 个专题片，集中宣传了贵州的风光、风情、风物和风貌。1985 年 1 月，纪录片《赤水河纪行》（上、下集）在中央电视台《祖国各地》栏目播出。1989 年，贵州电视台开办沟通大山与外界的纪实性专题节目《山里山外》节目，打开封闭已久的山门，迎接山外来风，让贵州观众走出贵州高原，去看看外面的世界。1996 年，贵州电视台制作播出《多彩的贵州》《今日贵州》栏目 83 期，从中精选制作了两辑《变化中的中国——来自贵州的报道》送中央外宣部门转送美国播放。为了宣传中国少数民族地区的计划生育，录制纪实片《养牛村的人家》在美国斯科拉电视网播放。1999 年，贵州电视台根据省委省人民政府的工作要点和省外宣会议精神，3 月 18 日在《贵州新闻联播》节目播出系列报道《走遍公园省贵州》，全年共播出 150 期，集中对贵州主要旅游景点和主要开发景区进行宣传介绍，专题节目《永恒的净土——梵净山》《苗族姊妹节》等被中央电视台选播。该台还开办两个固定的外宣栏目，《今日贵州》

为国际交流节目，每周播出 2 期，每期播出 15 分钟，全年播出 104 期 1560 分钟，《今日中国贵州》为海外固定交流节目，每月播出 1 期，每期播出 30 分钟，全年播出 360 分钟，成为北美地区观众了解贵州的重要渠道。此外，贵州电视台还为中央电视台海外宣传中心《中国各地》英语外宣栏目录制 3 期节目，每期 30 分钟共 90 分钟。为反映贵州 50 年的巨大变化，制作特别节目《跨向新世纪的贵州》58 集（每集 10 分钟），在贵州卫视频道播出；《贵州龙文化》《安顺文庙及贵州石刻艺术》（贵州专版）在中央电视台外宣栏目《中国风》播出，每集 30 分钟共 60 分钟；外宣专题节目《苗家三姊妹》获第六届全国少数民族骏马奖、第十七届中国电视金鹰奖优秀纪录片奖。2003 年，贵州电视台的《发现贵州》《贵州人》《新旅游》《中国贵州》4 个外宣栏目中，《发现贵州》栏目拍摄制作 15 集系列节目《西部爱情故事》、15 集系列节目《西部民族服饰》、7 集系列节目《冬天的故事》、3 集系列片《天台山伍龙寺》、5 集系列片《契约的故事》、3 集系列片《发现大溶洞》、11 集系列片《名字里的故事》、12 集系列片《农闲的日子》播出，全年播出 330 期。《贵州人》栏目每周播出 1 期，全年共播出 52 期，该栏目的大型艺术专题片《苗族舞蹈》在中央电视台播出。《新旅游》栏目每周播出 4 期，全年共播出 196 期。贵州电视台结合 2006 年乡村旅游主题，推出《安顺天龙屯堡》《金海雪山——贵定音寨游》《贵阳近郊游》等旅游主题报道并播出。2007 年 8 月 15 日，贵州电视台在澳门举办主题为"神秘夜郎·多彩贵州"的"贵州电视节"，播出周期为 3 周，每周播出 5 天，每天播出 30 分钟，播出了《印象贵州篇》《山水贵州篇》《风情贵州篇》《人文贵州篇》《美食贵州篇》等，从不同角度介绍贵州，展播了贵州"真人秀"电视节目和贵州优秀纪录片及大型综艺节目，如大型民族风情纪录片《人与山水的和声——侗族大歌》《人与山水的旋律——苗族舞蹈》《人与山水的呼唤——布依族舞蹈》。

2. 文艺类节目

贵州电视台成立后，克服电视设备紧缺简陋的困难，深入实际生活，采录了一些具有贵州地方特色的电视文艺专题节目播出，如1979年制作播出的《花溪之春》和《春夜》，在中央电视台《祖国各地》栏目播出的贵州电视台的第一部纪录片《苗家的节日》，1980年在中央电视台《祖国各地》栏目播出的《贵州蜡染》，1981年在贵州电视台制作播出的《雁翎之花》等节目。

随着贵州电视台艺术编导水平的提高和电视摄录设备的改进，一批以贵州少数民族传统文化为题材的电视文艺专题也得以陆续问世，如布依族民歌民俗片《好花红》、记述麻江县农民画的《色彩之塔》、富有浓郁地方特色和儿童情趣的《多姿多彩的节日》等获得广泛好评。1985年2月，《布依山寨杂技队》获全国《兄弟民族》优秀电视节目三等奖。1986年4月，布依族民族民俗电视艺术片《好花红》获全国首届少数民族题材电视艺术片"骏马奖"三等奖。1987年，电视文艺专题《阿旺和她的歌》获国家民委民族电视专栏优秀节目二等奖。1988年，电视文艺专题节目《色彩之塔——铜鼓村印象》获第二届西南五省（区）优秀电视节目一等奖。1993年，专题节目《奇装异服》《土家族傩戏》分别获全国《华夏一奇》节目展播评比一、二等奖。1994年，贵州电视台与中央电视台联合举办了一期《正大综艺·贵州专辑》节目，片长60分钟，集中展现了贵州省的风情、旅游资源、交通、矿产资源等。2002年2月18日至3月1日，贵州卫视推出专题艺术系列片《走遍贵州》，该系列片分为山水、风情、人文、自然几大类别，编串成12集，每集15分钟：第一集《采访南长城——贵州苗疆边墙纪事》；第二集《去草海，看黑颈鹤》；第三集《黑叶猴》；第四集《贵州——一个苗族村庄的故事》；第五集《占里——一个侗族村寨的生育观》；第六集《屯堡掠影》《民间雕刻艺人》；第七集《布依"六月六"》；第八集《黄果树瀑布》《安顺龙宫》；第九集《男子绣花村》；第十集《梵净山》；第十一集《乌江山峡》《静静的谷撒河》；第十二集《金芦笙吹响的地方》，每天13:30在贵州卫视播出，用朴实的表现手法向世人描述了一个唯美的贵州。2003年3月8日，贵州卫视录制播出文艺专题节目《苗族舞蹈——人与山水的旋律》，时长 50 分钟，该片获全国优秀文艺音像制品一等奖、第 21 届"金鹰"优秀作品奖、最佳照明奖。由贵州电视台唐亚平工作室制作的纪录片《嘎老 MYLOVE》获人文类最佳长纪录片奖提名奖、人文类最具人文关怀奖提名奖和人文类最佳创意奖提名奖、2007 年度中国纪录片国际送片会十佳纪录片奖，并入选国际女性电影电视节节目竞赛单元。该片讲述了澳大利亚音乐学博士 Catherine（女）只身一人到贵州三龙侗族地区生活 18 个月，学习侗语、学唱侗族大歌、了解侗族，融入侗族社会生活中，与村民由陌生人变成朋友的故事，尝试通过澳大利亚人 Catherine 导入现代人视觉，完成民族之间的沟通。为此，编导在 35 分钟的节目里融入了 11 首侗歌、16 处生活场景，让观众随着 Catherine 在侗寨的生活逐渐理解侗族大歌不仅仅是一种音乐艺术，而且是侗族地区社会结构、婚恋关系、文化传承和精神生活的重要组成部分，并最终使观众在更广阔的时空内理解侗族，对侗族大歌产生共鸣。

在影视剧类节目制作方面，贵州电视台胡庶工作室在 2006 年执导拍摄的数字电影《开水要烫 姑娘要壮》获得极高的评价。全片未使用一位专业演员，全部角色都由当地从未接触过电影的苗族原住民出演，用他们原汁原味的生活细节来演绎一个个精彩的故事。场景选择在榕江县月亮山区莽莽原始森林里的计怀寨和计划寨拍摄。两个苗寨风光美，但未曾被外界知晓。影片融合纪录片和剧情片的特色，不用复杂曲折的情节，也没有煽情的对白，全部用写实的手法，使人分不出何处是现实何处是戏。影片凭借朴实无华的纯真，无处不在的生活幽默，平淡如水般流淌的叙述，让观众在不知不觉中被感动。该片获 2006 年中国十佳影片奖，2007 年在第 36 届鹿特丹国际电影节上展映时，在参展的 200 多部电影中获得首映，引起轰动。

在文艺栏目设置方面，贵州电视台初期播出的文艺栏目以摘编外来资料为主，1983 年该台专题文艺部成立后，开始在综合节目中开办电视文艺栏目。1984 年设置《苗苗》《综合文艺》《电视剧》《电影故事》栏目，其中《苗苗》栏目每两周播出 1 次，每次播出 20 分钟，节目内容以反映少儿的生活、学习、娱乐为主。这一年，在全国少儿歌舞、学校剧、木偶剧录像节目评奖活动中，贵州电视台有 23 个节目获奖，其中侗族舞蹈《蜻蜓谣》、苗族舞蹈《板凳舞》、布依族舞蹈《架金桥》和芦笙舞蹈均获一等奖。

　　电视文艺晚会也是集中展现贵州少数民族风情的重要形式。1984 年至 2010 年，贵州电视台共举办播出了 16 次春节联欢晚会，在这些舞台上贵州电视台推出的苗歌、芦笙舞、反排木鼓舞、彝族舞蹈《阿西里西》等蕴含少数民族文化元素的艺术节目受到观众的广泛好评。

　　2005 年 8 月 16 日，贵州电视台现场直播"2005 中国·贵州黄果树瀑布节"开幕式暨大型文艺演出《走进黄果树大瀑布》，时长 1 小时 24 分钟。同年 11 月 6 日，贵州卫视现场直播庆祝黎平机场通航文艺晚会《飞向苗乡侗寨》，文艺晚会由贵州电视台策划，以原汁原味的土风歌舞、绚丽多彩的民族服饰把观众带进神秘莫测、魅力无限的苗乡侗寨，11141 人同唱的侗族大歌《蝉之歌》创吉尼斯世界纪录。2007 年 9 月 21 日，贵州卫视在贵阳市大剧院现场直播 2007 年"黄果树杯""多彩贵州"舞蹈大赛颁奖晚会。同年参与承办贵州凯里原生态民族文化艺术节暨原生态文化旅游节。2008 中国西部茶海遵义茶文化节暨余庆首届旅游节、2008 年贞丰"六月六"布依风情节、2008 年黄果树瀑布节开幕式、2008 年至 2010 年"爽爽的贵阳·贵阳避暑季"开幕式（三届）等文艺节目。2009 年，贵州电视台参与 2009 年中国·紫云格凸第三届全国攀岩挑战赛。2010 年 5 月 5 日，贵州电视台现场直播"2010 中国·贵阳避暑季"开幕式暨大型文艺晚会，独竹水上漂、巨陀螺表演、竹竿舞等贵阳民间绝活纷纷在晚会中亮相。

　　从 20 世纪 80 年代末开始，贵州电视台录制播出的电视文艺大赛节目在宣传贵州、传承贵州少数民族传统文化方面也做出了极大努力。1984 年，贵州电视台为首届"青歌赛"选拔贵州参赛歌手并录制节目，选送到中央电视台参赛歌手王跃珍演唱的歌曲《黄果树大瀑布》获美声业余组第 3 名。1985 年起，中央电视台委托贵州电视台举办"青歌赛"贵州赛区选拔赛，其中，选拔的省歌舞团歌手殷文霞获第二届"青歌赛"民族组二等奖，贵阳市曲艺团歌手魏洪获第三届"青歌赛"通俗组二等奖，省武警总队文工团歌手徐曼琳获第四届"青歌赛"民族组三等奖。2002 年，在第十届"青歌赛"大奖赛中，贵州电视台代表队专业组选手在全国 57 个参赛队中获团体第九名，获专业团体优胜奖；阿幼朵获银屏奖。2006 年，在第十二届"青歌赛"电视大奖赛中，《蝉之声》组合获原生态演唱法银奖和观众最喜爱歌手奖；《朵蝶朵阿》组合获得原生态演唱法优胜奖。2008 年，在第十三届"青歌赛"电视大奖赛中，侗族大歌合唱队获合唱铜奖，《朵蝶朵阿》演唱组获原生态演唱法铜奖，侗族琵琶组合获原生态唱法优秀奖、团体决赛优秀奖。2010 年，在第十四届"青歌赛"电视大奖赛中，游方歌组合获原生态唱法铜奖，从江小黄村侗族歌队获原生态唱法优秀奖。

3. 社教类节目

1984 年，综合节目开始开办的社会教育栏目播出，如《可爱的贵州》《科学教育》栏目。《可爱的贵州》栏目于 9 月开办，不定期播出，旨在宣传贵州，让更多的人了解贵州、认识贵州，达到开发贵州、建设贵州的目的。1984 年共播出反映贵州风景名胜、风土人情和建设成就的专题片 70 条。1985 年，《可爱的贵州》栏目播出的《高原彝家》《贵州风情》《百里杜鹃》等节目在全国评奖中获奖。

在社会教育节目中，还有一类以传播科学文化知识和工作技能的电视教育栏目，它为不同年龄、不同职业、不同文化的观众传播科学文化知识和技能。如 1986 年 9 月 26 日贵州电视台新闻部播出《致富之路》专栏节目，向农民传授发展农村经济的种植、养殖、农副产品加工技术，每两周播出 1 次，每次播出 15 分钟，相继播出了《怎样栽种天麻》《竹荪栽培》《楠竹之乡话楠竹》《网箱养鱼》《怎样栽培猕猴桃》《怎样饲养长毛兔》等农业科学技术教育节目，农民观众反映很好。

4. 服务类节目

贵州电视台的综合节目开办的服务类节目一直受到观众的喜爱和欢迎，因为它直接为观众的日常生活、学习、工作提供知识和服务，指导人们的生活和消费。综合节目中连续不断播出的服务节目是《天气预报》节目。1985 年 9 月 1 日起，贵州电视台开始播报全省各市（州、地）的天气预报，背景画面也不断改进，配以照片、地图、测像仪等，辅以音乐、字幕和配音，成为千家万户每天必看的节目。从1994 年 7 月 1 日起，贵州电视台第一套节目每天 22：30 分钟的《晚间新闻》后增播气象服务节目，播发本省旅游区和部分县城的天气预报，时长 2 分钟。1997 年 2 月 3 日，贵州电视台第一套节目每天 11：55 播出《午间气象服务》节目，时长 2 分钟，19：50 试播《贵州旅游气象》节目，时长 3 分 30 秒，同年 4 月 10 日，《午间气象服务》《贵州旅游气象》节目正式播出。贵州电视台和贵州省气象台在《天气预报》节目中还结合全省实际，不断丰富气象服务内容。常规性服务内容有：全省 9 个市（州、地）24 小时、48 小时、72 小时天气预报，以及暴雨、雷雨、大风、大雾、高温、冰雹、凝冻、绵雨、寒潮（强降温）、雪灾等预报。专业性服务内容有：贵州省九个市（州、地）生活指数预报及健康指数预报、高速公路预报、紫外线预报、舒适度预报、森林火险等级预报等。特殊性服务内容有：预警信息预报、突发性气象灾害预报以及重大气象事件预报。

　　从上文梳理的内容看，改革开放以来，贵州省结合少数民族地区实际情况，在少数民族地区文化事业建设，少数民族地区文化产业发展、少数民族优秀传统文化传承等方面采取了种种积极的措施并取得了一定的成效。不过，与前文分析的五大少数民族自治区一样，与区域内少数民族群众对广播电视的需求和期待仍然存在较大的差距，存在的问题和不足同样表现为：（1）少数民族题材电视节目数量相对较少，且缺乏针对性，即专门制作针对少数民族村镇，满足少数民族村镇居民信息和文化需求的节目还相对匮乏；（2）节目形式相对比较单一，新闻类节目相对较多，而其他节目类型相对较少；（3）社教类节目和服务类节目有待丰富，以更好地服务农村地区、少数民族村镇的发展需求；（4）民族语言节目有待发展。2015 年贵州黎平县广播电视台于 5 月开播侗语新闻节目《侗族新闻联播》，节目内容涉及侗族人物、侗族文化、侗族旅游等，其制作播出的《侗族傩戏——刀锋上的坚韧》《深山珍馐——侗家牛脚》等节目给人留下深刻印象，不过其发展也面临诸多问题。

第四节　少数民族村镇广播电视公共服务体系内容生产面临的困境与对策

一　困境

正如前文所言，广播电视不仅仅是向人们传达外部环境变化信息的工具，更是重要的文化传播手段，在少数民族文化的传播和传承中广播电视扮演了非常重要的角色。当前，在电视节目"泛娱乐化""媚俗化"，甚至"低俗化"的背景之下，各种亚文化充斥着电视荧屏，对本土文化尤其是处于弱势地位的少数民族文化造成强烈的冲击。而从国际形势来看，西方敌对势力从来没有停止过利用广播电视对中国进行西化和渗透。目前，美国之音、自由亚洲电台、英国BBC、达赖电台、法轮功电台在中国共设有 31 个转播台，每天使用普通话和 5 种中国方言、174 个频率对中国播出 62 小时 35 分钟。① 面对境外敌对势力的挑衅，反西化、反分化、反渗透、反破坏，地处中国边境的少数民族地区广播电视机构任重而道远。从目前看，少数民族村镇广电传输内容方面存在以下一些困境：

1. 困境之一：民族类节目数量不足，设置不合理

图 4 - 1 显示民族类节目在五大自治区省级卫视节目中所占的播出比重较低，再次印证了前文提出的观点："我国五大少数民族自治区的少数民族题材广播电视节目发展虽有了长足的进步，但是与区域内少数民族群众对广播电视机构的需求和期待相比，仍然是显得相当薄弱的。"

---

① 胡正荣等：《中国广播电视公共服务体系：目标与实践研究》，中国广播电视出版社 2010 年版，第 73 页。

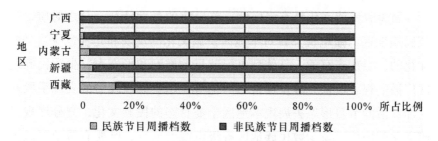

**图4-1 五大自治区省级卫视民族类节目与
非民族类节目周播档数构成图**

我们对五大自治区中已开播的民族语言频道节目也进行了与图4-1类似的比较（全国五个自治区中，西藏自治区、新疆维吾尔自治区、内蒙古自治区开办了省级自治区主体民族语广播电视上星频率频道，广西壮族自治区和宁夏回族自治区未开办民族语频率频道）。开办民族语频率频道对我国少数民族地区可以说是当务之急，是传播和传承本地区本民族独特文化的重要传播渠道和平台，是展现民族特色的重要窗口。但图4-2表明，真正反映各民族社会经济文化状况的广播电视节目数量依旧不足，译制节目、电视剧占据了主角位置，民族地区各少数民族的文化话语权和传播权存在着不同程度的削弱。贵州省的情况亦是如此。

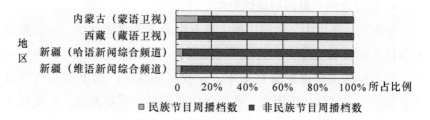

**图4-2 自治区民族语言频道民族类自办节目与
非民族类节目构成图**

2. 困境之二：节目种类分布不平衡

因少数民族文化具有多样性、差异化的显著特征，与之对应，少数民族地区广播电视节目对本地区民族文化的反映和建构也应当是多样化的，层次丰富的。具体到电视节目的类型和形态上，少数民族地区广播电视就应该充分发挥自己的优势，用更具表现力的表现手段和更加灵活的节目形态去展现本地区千姿百态的民族文化，充分展现民族文化的内核。就少数民族地区省级电视台而言，既要有帮助区域内受众了解国际国内风云变化的消息型新闻类节目，又要有宣传和解读民族政策、深化人民群众对社会重大事件、突发事件认知的专题型新闻类节目，还要不断探索和完善直播型新闻类节目，充分满足人民群众的当下需求；既要有介绍民族地区旅游和风土人情的节目，更要有重视挖掘民族文化内涵的访谈类节目、纪录片和专题片，如此才能帮助人们真正发现民族文化的精髓和价值，理解民族文化的根源，重建对民族文化的认知，才能够真正实现文化自信。

3. 困境之三：节目播出频率及时间段安排不合理

由图4-3可以看出，五大自治区的少数民族题材电视节目除了在中午和晚间黄金时段播出较为集中外，在午夜和凌晨时段分布也较为密集。当然，午夜和凌晨播出的节目多为重播，呈现出收视率较低的弊端，这无疑是对媒介资源的浪费，同时也从侧面再次反映出少数民族题材节目数量不足的问题。

4. 困境之四：激烈的媒体竞争

在新媒体环境中，中国广播电视业内的竞争愈加激烈，不仅频道和节目之间存在竞争，而且台和台之间、地区和地区之间也存在竞争。在不平衡的资源配置格局下，少数民族地区广播电视受制于设备、资金、人才队伍等因素，在竞争中长期处于弱势地位。央视作为全国唯一一家国家级电视媒体，优势明显。而各省级卫视之间的竞争态势以及发展不平衡现象也早已在东西部省份（区）间形成，东部省份（区）早已遥遥领先。

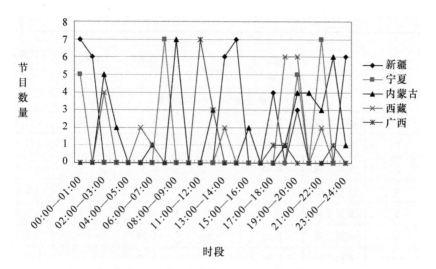

图 4 - 3　五大自治区少数民族题材电视节目各时段周播次数统计图

表 4 - 8					激烈的媒体竞争		
2017 年			2016 年			排名涨跌	份额涨跌（%）
排名	频道	市场份额（%）	排名	市场份额（%）			
省级卫视 2017 年全天排名							
1	湖南卫视	2.95	1	2.73		—	+8.1
2	东方卫视	2.66	3	2.6		▲1	+2.3
3	浙江卫视	2.47	2	2.65		▼1	-6.8
4	江苏卫视	2.08	4	2.13		—	-2.3
5	北京卫视	1.98	5	1.99		—	-0.5
6	山东卫视	1.34	7	1.3		▲1	+3.1
7	金鹰卡通	1.29	8	1.21		▲1	+6.6
8	安徽卫视	1.24	6	1.49		▼2	-16.8
9	天津卫视	1.08	11	1.01		▲2	+6.9
10	北京卡酷	1.07	12	1.01		▲2	+5.9

2017 年			2016 年		排名涨跌	份额涨跌（%）
排名	频道	市场份额（%）	排名	市场份额（%）		
省级卫视 2017 年黄金排名						
1	湖南卫视	3.34	1	3.01	—	+11.0
2	东方卫视	2.97	2	2.64	—	+12.5
3	浙江卫视	2.45	3	2.42	—	+1.2
4	江苏卫视	2.24	4	2.3	—	−2.6
5	北京卫视	2.1	5	2.15	—	−2.3
6	山东卫视	1.31	6	1.28	—	+2.3
7	安徽卫视	1.05	7	1.28	—	−18.0
8	金鹰卡通	1.01	12	0.89	▲4	+13.5
9	天津卫视	0.96	11	0.96	▲2	0.0
10	深圳卫视	0.91	8	1.13	▼2	−19.5

数据来源：CSM52 城 4＋人群。

二　对策

针对目前少数民族村镇广电（电视为主）传输的困境，此处先提出几点抽象的、总体性对策，具体措施将在下一节加以详细的阐述。

1. 内容：精准定位，突出特色

定位和特色是一个节目区别于其他节目的显著标志。在广播电视业界激烈的竞争态势中，只有精准的定位，包括内容、观众、节目编排策略，才能让一个电视栏目在众多电视栏目中脱颖而出，获得足够的关注度。民族特色是民族文化的外显，是一个民族区别于另一个民族的特点，包括民族服饰、民族饮食、民族文化、民族礼仪等。处于弱势地位的少数民族地区广播电视节目应充分利用自身优势，提炼个性化的传播内容，再现少数民族文化内涵，不仅仅满足区域外受众对异域文化、西部神秘的少数民族文化的好奇心和探知欲，更为重要的是帮助区域内各民族的个体形成自身身份认同，树立文化自信，用本民族独到的视角，深入挖掘自身丰厚的民族资源，突出稀有性、异质性，提高本民族文化的识别度。

2. 形式："东学西渐"，创新为先

综艺节目和电视剧是东部地区广播电视媒体的主战场。为了获取更多的市场份额，湖南卫视、东方卫视、江苏卫视、浙江卫视等东部省级卫视在这个主战场上各出奇招，你方唱罢我登场。地处边疆的少数民族地区的广播电视机构当然不能简单地东施效颦，把这些省级卫视的发展模式、节目形态简单地套用在自己身上。但是为了在激烈的媒介市场竞争中能够拥有一席之地，不妨也可以借鉴这些媒体的一些做法，使电视节目的表现形态更为丰富多元，从而能够更多地吸引区域内外的受众。当然最重要的是要有敢为天下先的冲劲和勇气，结合区域文化特色，挖掘民族文化内涵，在电视节目表现形态上不断尝试、不断创新。央视可以在诸多以"娱乐立台"为办台理念的省级卫视重重包围之下，凭借其内容优质的精品文化类节目再次显露出其引领者的风范，那么，为什么拥有丰富民族文化资源的少数民族大省不能开辟出一条属于自己的发展道路呢？

3. 渠道：坚持自我，尊重对手

新媒体是基于互联网技术体系下出现的新的媒介形态，论坛、微博、微信、博客以及时下备受青睐的视频直播网站构成了当前新媒体的主要表达渠道。新媒体全新的媒介特性对传统媒体形成了严峻的挑战和巨大的压力。过去，作为传统媒体的电视媒体惶惶不安的是坐在电视机前的观众，手持遥控器，在各台之间转换的成本几乎为零，而现在让他们备受折磨的是电视机的开机率每况愈下，大屏切换为小屏，遥控器早已不知扔去了哪里。在这样的生存压力下，电视媒体既要坚持自我，更要尊重对手，毕竟除了节目自身的内容优质外，具有吸引力的宣传方式、丰富的渠道铺设等关乎他们是否能够赢得观众忠诚的营销手段，往往举足轻重。在新媒体渠道的快速发展下，创办微信公众平台和官方微博已经成为各种类型节目提高自身曝光度、知名度、收视率的重要举措。

4. 运作：品牌、跨界、互动

从前文分析来看，少数民族地区并不缺乏优秀的广播电视节目，却缺乏优秀的运作体系和运作人员。以西藏卫视节目《西藏诱惑》为例，这档节目共设定了 5 个子栏目，分别是《西藏往事》《经典西藏》《藏地密码》《藏地飞鸿》《西藏漫游》，该节目安排在周一至周五晚间 8 点播出，每期时长 30 分钟，内容定位于名人名家对曾经在西藏的工作经历、生活和情感往事的回顾；西藏人文地理风貌、历史文化故事、悬疑事件的探秘；对西藏自然、历史、民俗和经济社会发展变迁的情节化、全景化、立体式的叙述；对西藏的著名旅游景点、丰富的旅游线路和旅游服务的展示与推广；文化名人对西藏文化的深度体验等。这档节目形式丰富多元，包括访谈类、探索类、人文地理类、旅游类和外拍真人秀等多种节目形式，在本土有着较好的收视率和口碑。《西藏诱惑》在西藏自治区已具有一定知名度和较好的收视率，却无法走出西藏。究其原因，在于品牌意识、有效营销手段的缺失。2017 年 4 月 1 日，浙江卫视在国内各种综艺节目混战的局面下，推出了大型偶像对抗挑战真人秀节目《高能少年团》。《高能少年团》邀请了王俊凯、刘昊然、董子健、张一山、王大陆五位在中国极具人气的 90 后明星参与到节目中，是一档极其吸引眼球的挑战类真人秀节目，首播当日就取得了全国同时段收视冠军的佳绩，同时在腾讯、乐视、爱奇艺 3 家视频网站上创下了上亿的点击率，在微博上也迅速形成热门话题。该节目凭借品牌营销、跨界营销、互动营销三种营销手段的有效结合和运用，在国内综艺节目大战中取得了巨大的成功。与之比较，《西藏诱惑》等少数民族题材的宣传力度和渠道铺设毫无竞争力，而这也许就是未来少数民族地区广播电视机构建公共服务体系的重要方向。

第五节　完善少数民族地区广播电视公共服务内容、生产少数民族人民喜闻乐见的广电节目

前面几章的有关讨论和本章前面几节的讨论突出了如下问题：相比于发达地区或者城市，少数民族地区（村镇）广电传输服务的主要问题是内容的问题。前面一节只是在总体上提出了相对抽象的应对策略，这一节将就如何完善少数民族村镇广电服务内容，生产少数民族人民喜闻乐见的广电节目提出一些具体的建议。在提出具体的建议之前，本节首先要进一步说明开辟更多的少数民族栏目的意义。

一　开辟更多少数民族语言栏目的意义

上一节在提出解决少数民族村镇广电服务内容的困境的时候，提出了完善内容的一个原则，即"精准定位，突出特色。"体现在具体的措施上，首先要为少数民族村镇人民提供更多的少数民族栏目。

从有关报道可以看到，近些年，一些地区已经开始这方面的工作。比如从 2009 年在黔西南布依族苗族自治州成立 27 周年之日，贵州黔西南州开播全国第一档布依语广播节目、贵州省第一档苗语广播节目试播，两档民族语言节目均由黔西南州人民广播电台播出。这两个节目的开播，对于贵州黔西南州有着重要的意义：该地区少数民族占 42.7%，少数民族语言仍然普遍使用，许多少数民族人民掌握的汉语难以让他们听得懂用普通话播送的广电节目；因而，当地少数民族村镇人民的文化生活得到了极大的丰富。

黔西南州地处滇黔桂三省区接合部，州境内居住着汉、布依、苗等 34 个民族，少数民族人口占 42.47%，是一个多民族聚居的自治州。其中，布依族人口 100 万，占全州总人口的 31.4%；苗族人口 20 万人，占全州总人口的 8%。如今，布依语、苗语在册亨、望谟、贞丰、安龙等少数民族比较集中的地方仍然广泛使用。当然，

参考前面少数民族地区广播电视公共服务体系的任务、目标与少数民族村镇广电传输的现状，目前少数民族村镇用少数民族语言传播的节目还是不能满足当地人的文化需求。因而许多专家一直呼吁增加以少数民族语言为媒介的广电节目。针对广西民族语广电节目缺乏，难以满足当地群众精神需求的现状，全国人大代表、广西大学教授陈保善提出，支持少数民族聚居区电台、电视台开办民族语广电节目很有必要；陈保善在调研中发现，广西各级广播电视台开办的少数民族语栏目不多；在分析了广西少数民族广电栏目严重缺乏的现状之后，陈保善建议，国家应大力支持广西少数民族聚居区的电台、电视台开办民族语广播电视节目，并给予经费保障，积极推动全区少数民族语广播电视节目的开办、译制和播出，不断满足少数民族群众的精神文化需求。

增加少数民族村镇少数民族栏目，除了能满足当地少数民族人民的文化精神需要外，还有其他重要的功能，包括为少数民族村镇人民提供话语渠道，增强他们的文化认同感，给予他们文化自信。所有这些都与少数民族村镇人民的生活质量和幸福有着密切的联系。

首先，增加少数民族语言广电栏目可以为民族村镇人民提供一个更为广阔和便利的话语渠道，使他们更好地为外界所了解，他们的困难能及时为有关部门所获悉，更好地提高他们的生活质量。阿德勒（Adler）和朗赫斯特（Longhurst）2002 年的研究显示，合适的话语权是保障公正的必要条件之一。[1] 少数民族地区人民的喜怒哀乐，只有通过一定发声途径才能为他人和有关部门所了解，给予他们发声的渠道，是帮助他们解决困难的先决条件。少数民族村镇也有特殊的文化和生活方式，它们对于汉族或其他民族人们来说，经常是值得欣赏、能扩展视野的，可以成为旅游资源的，可以帮助少数民族村镇人们提高知名度和生活质量的。因而，增加少数民族语言观点栏目，可以使

---

① M. Adler, B. Longhurst, 2002. Discourse Power and Justice, https：//books. google. com/books? hl = zh-CN&lr = &id = E9CHAgAAQBAJ&oi = fnd&pg = PT8&ots = X30qFrvEga&sig = X2v5D_ dXx0mOH39z6_ JOt0nxgw4#v = onepage&q&f = false, 2018 年 11 月 20 日。

人们对少数民族的生活、文化、困难等有更好、及时的了解，可以更好地实现平等、公正，提高少数民族村镇人们的生活质量。

其次，增加少数民族语言广电栏目可以增强少数民族村镇人民的文化认同感。延森（Jensen）、阿内特（Arnett）和麦肯齐（McKenzie）指出借助于交际、象征和社会功能，语言构成了文化认同的一个关键部分。可见，增强少数民族语言广电栏目是可以增强他们对自己民族文化的认同感的。文化认同感有不同的理解。参照霍尔（Hall）的说法，这里把文化认同感做如下理解：

文化认同感基于共享的文化，是一种集体认同的"真正的自我"，它摒弃了其他人或民族加在其上的肤浅的、人为的、往往是固见（stereotype）甚至偏见（bias）的身份。有文化认同感的人赞同并认同他们有着共同的历史和祖先。在变动不居的历史分裂和变迁中，这样的文化认同感赋予文化成员稳定、不变和连续的参考和意义框架。①

这样的文化认同感，可以帮助少数民族人民明确"我是谁"这样的哲学问题，也可以让他们在日常生活中寻找到有共同身份和语言的人，可以让他们在遭遇巨大变故的时候寻求帮助和归属感以减轻重大灾难带来的痛苦。延森等人指出，认同感是文化力量，具有多种功能。② 考虑到少数民族语言广电节目的上述作用及其现状，有必要对其加以补充和完善。

最后，少数民族村镇民族语言广电栏目可以增加少数民族人民的自豪感。这种自豪感与认同感密切相关。由于民族语言广电栏目在很大程度上解决了少数民族人民"我是谁"的问题，增加少数民族语言广电节目自然可以帮助他们提升自豪感。

---

① S. Hall, 2014, Cultural Identity and Diaspora. Diaspora and Visual Culture, 201. https://warwick. ac. uk/fac/arts/english/currentstudents/pg/masters/modules/asiandiaspora/hallculturalidentityanddiaspora. pdf, 2018 年 11 月 20 日。

② LA Jensen, JJ Arnett, J McKenzie. 2011：272.

二 少数民族语言栏目的形式

这一节针对少数民族语言栏目的具体内容提出一些建议，包括专题、综艺节目，制作少数民族电视剧、广播少数民族新闻和针对少数民族的教育节目等。

（一）少数民族专题

我国少数民族数量众多，少数民族村镇分布在全国各地。比如，贵州有 17 个少数民族，少数民族人口占当地人口约 40%。根据全国第五次人口普查，贵州省人口超过 10 万的少数民族有 9 个：苗族、布依族、侗族、土家族、彝族、仡佬族、水族、白族和回族。少数民族人口虽然只占贵州的约 40%，但他们所居住的地方占全省 55.5% 的土地。除了三个民族自治州、11 个民族自治县，贵州还有 253 个民族乡。分布于贵州各地的少数民族，千百年来创造了各自的独特的文化，使得贵州的文化多姿多彩。

但是，与云南等省份相比，贵州过去对少数民族文化的对外宣传显得不足。应该向云南等省份学习，开辟更多的专题介绍贵州不同少数民族的文化、生活等。这对于传统文化几乎丧失殆尽的发达地区或城市，必将产生巨大的吸引力，使得贵州作为一个旅游省更有吸引力。可以说，贵州少数民族的文化是取之不尽用之不竭的旅游资源。当然，这些专题作为少数民族的一个发言渠道，可以加强少数民族人民的话语权、文化认同和文化自信等。

（二）少数民族综艺节目

少数民族千百年的生活过程中，在其所生存、生活的土地上形成了独特的生活方式、创造了丰富多彩的文化艺术。这些都为开辟少数民族综艺节目提供了极其丰富的材料。开辟更多的少数民族综艺节目，可以为世人提供更丰富的文化营养，让他们更深入、全面地了解少数民族，吸引他们来少数民族村镇体验文化生活。这样不仅可以促进少数民族地区的生活水平，同时，也可以让少数民族人民了解和学习外部世界，增进民族之间的了解和友谊。

（三）少数民族新闻

新闻具有公开性、真实性、针对性、时效性、准确性、显著性、接近性、开放性、广泛性、动态性等特点。少数民族的新闻，同时带有少数民族文化的特征，少数民族新闻要体现少数民族的特色、反映少数民族的特点、精神风貌和文化习俗。考虑到少数民族村镇通常相对落后于发达地区或城市，少数民族新闻应该帮助少数民族人民解决发展过程中所遇到的困难：帮助他们推销产品、向外界介绍他们的生活现状、向外界反映他们遇到的困难等。这些不仅有利于帮助少数民族村镇人民跟上其他地区的发展步伐，还有利于为他们提供均等化的公共服务，如均等化的广电传输服务，形成一个良性的循环。

（四）针对少数民族的教育节目

教育对于一个地区甚至国家的发展都是至关重要的。落后的教育，往往导致发展的落后。陈全功和李忠斌的研究显示，湖北省长阳土家族自治县少数民族农户的持续性贫困与受教育程度低、创收渠道少、身体健康状况不佳等密切相关。[①] 可见，对少数民族村镇人民进行合理、充分的教育是帮助他们发展的必要条件。针对少数民族的教育节目，可以帮助其克服当地人力资源不足的问题，经过教育之后的少数民族人民，可以有更多的智慧来完善有缺陷的制度、创造更多的致富的途径。对他们进行健康方面的教育，则可以改善他们的健康状况，进而间接地提高他们的劳动能力和生活水平。虽然政府的政策也是重要的，但通过教育少数民族村镇人民，增强他们改善现状的能力，却是根本性的，可以起到治本的作用，更好地促进少数民族村镇的发展。

本章小结

本章探讨了少数民族村镇广电传输内容的有关方面。本章讨论显

---

① 陈全功、李忠斌：《少数民族地区农户持续性贫困探究》，《中国农村观察》2009 年第 5 期。

示，跟发达地区相比，少数民族村镇在广电传输的内容方面存在明显不足。因而，有必要结合少数民族村镇广电传输服务的任务和目标、当地的实际情况，为少数民族村镇人民提供多样的、有针对性的广电节目。这样可以起到多个作用：可以在少数民族村镇实现广电服务均等化；赋予当地人民更大、更多的话语权；让外界更好地了解少数民族村镇人民的文化、生活；丰富少数民族村镇的旅游文化资源；及时了解他们的困难；提高他们的受教育水平；从根本上促进少数民族村镇的发展。所有这些措施，都可能从根本上提高少数民族村镇人民的生活质量，增强他们的幸福感。

第五章 民族村镇广电公共服务效果评估体系

提高和完善民族村镇广电服务不是一蹴而就的，而是需要反复调查实际情况、发现问题和不足，有针对性地给出解决方案、实施方案，再次进行实地调查，对解决方案的有效性进行评估，针对不足再次提出和实施改善的方法。鉴于社会、科技的快速发展，上述这个循环原则上是没有终止的，需根据实际情况，对比少数民族村镇的广电传输在多大程度上落后于发达地区和城市，确定合适时间间隔加以改善。因而，民族村镇广电公共服务效果评估体系是评估有关措施效果、发现问题、进一步提高服务必不可少的手段。本章先界定核心概念——公共服务效果评估和公共服务效果评估体系，然后说明民族村镇广电服务评估的意义，之后给出这种评估的理论依据和框架内容。在此基础上，提出了一个较为详细的评估指标体系，该体系包括细化的参数和评估程序。

第一节 本章两个核心概念的界定

考虑到概念的重要性，本节先界定这两个核心概念：公共服务效果评估和公共服务效果评估体系。

一 公共文化服务效果评估

检索网络可知，目前一些研究者已经开始关注公共服务效果评估的界定。卓越在其研究中指出，针对政府公共服务绩效（效果）的评估，英国财政部在 1983 年的《英国国家审计法》中提出了政府绩效评估的"3E"模型［经济性（economy）、效率（efficiency）和效果（effectiveness）］。① 其中效率指的是政府提供公共服务所花费的时间（速度）；效果指的是政府提供的公共服务是否起到了实际的作用，是否满足了人民的实际需要，给他们的生活提供了方便，提高了他们的生活质量，等等。卓越进一步指出，随着时代的发展和实践的需要，学者们在"3E"的基础上增加了公平性（equity），成为广为借鉴的"4E"标准。这里的公平性就是我们平常所说的"均等化"所追求的目标。从卓越的研究出发，胡税根进一步从评估方法和评估内容来界定"绩效评估"（效果评估）：

> 按照约定的标准和程序，运用数理统计、运筹学等原理和特定的指标体系，对被评估对象在一定期间的经营或者服务业绩做出的综合评价。

从研究现状看，目前我国公共文化服务效果评估体系还有可以完善的地方。比如，向勇、俞文益在梳理此前公共文化服务绩效测评模型之后，基于实证指出了这些模型的不足之处，进而给出了他们自己的公共文化服务绩效评估的初步模型。他们还基于中国文化事业管理的国情和公共文化服务的特性，以及公共文化服务绩效考核将由目前的初级阶段逐步过渡到科学、普及与深入落实阶段的预期，提出了依法考评公共文化服务绩效的政策建议，指出了公共文化服务绩效评估立法的必要性、基础原则与基本内容。其中涉及的原则有公平正义原则、基本权益原则和人民对政府的结果满意原则、政府绩效评估公开透明原则、政府绩效评估方法、程序科学规范原则；涉及的内容有经济性指标、程序性指标和公众满意度指标。②

① 卓越：《省级公共文化服务水平指标体系构建与实证研究》，硕士学位论文，浙江大学，2016 年。

② 向勇、俞文益：《公共文化服务绩效评估的模型研究与政策建议》，《现代经济探讨》2008 年第 1 期。

从上面的论述可知，目前关于公共服务效果评估的原则、内容和方法等方面，存在较多的争议而且也不是很完善。一个重要的原因是我们对政府绩效管理、对公共服务效果还没有深刻的认识，缺乏全面的了解。

结合上面的叙述并参照其他现有研究和本研究的目的，我们界定公共文化服务效果评估如下：

公共文化服务效果评估即对政府（或准政府机构）所提供的公共文化服务的效果（effectiveness）加以评估。评估至少应该执行以下原则：均等化原则（equity，或公平正义原则）、基本权益原则和服务对象满意原则。

公共文化服务均等化是促使我们发起这个研究的根本动力，也是政府所追求的。考虑到地区的差异，特别是个别地区如少数民族村镇各方面条件（地理条件、公共文化服务的效益、人力资源等）的限制，公共文化服务的实施和效果评估可以只执行基本权益原则。公共服务的对象是广大民众，其效果的好坏，最终还是由民众的满意度决定。

二　公共文化服务效果评估体系

要较为全面、科学地对公共服务效果加以评估，就需要一个较为完整的体系。伍彬的研究显示，绩效评估与绩效管理有密切的联系；开展绩效管理需要借助一套适用性较强的指标体系，主要包括指标设计和考核办法两个方面。[1] 卓越指出，指标设计直接决定考核的可操作性、实际效果和合理性，因而，指标的设计需要遵循一定的原则、程序和方法。[2]

至此，我们可以这样理解公共文化服务效果评估体系：

它是评估公共文化服务效果（effectiveness）的体系，包括设计和

---

[1] 伍彬：《综合考评与绩效管理——杭州的实践和探索》，人民出版社2012年版。

[2] 卓越：《省级公共文化服务水平指标体系构建与实证研究》，硕士学位论文，浙江大学，2016年。

考核两方面内容。这个体系的设计必须执行一定的原则、程序和方法，其内容必须具有合理性、可操作性。

评估体系的合理性主要体现在其对公共文化服务效果评估四个原则的执行是否全面、彻底；可操作性则体现在方法和程序上，能否收集足够、有效的数据并对这些数据加以定量的研究、得出可以付诸实践的结论和建议。

构建一个科学、合理、有效的公共文化服务效果评估体系是一个非常复杂、难度很高的工作。我们可以从图 5 - 1 桑德森（Sanderson）提供的公共服务质量模型感受一下这种复杂程度和难度。① 这个模型对我们后面提出一个公共文化服务效果评估体系将有重要的参考作用。从这个模型可以看到，公共服务评估质量（效果）系统一共有四层。最外层涉及观念层面的理论、理念和价值观，经济和社会关系，制度环境；与最外层相比，第三层涉及的内容相对具体，包括政策、资源、监管框架、机构间的协调、公民的参与、发声、结果的公平性、意外的影响和需求的满足八个方面；第二层涉及具体的细节，包括服务获取、信息获取、花钱价值所在、客户要求、服务标准、解决抱怨/补偿措施、客户退出服务的选择七个方面；第一层则涉及公共服务的结构、过程、有关的人及其文化。从这个图还可以看出，整个公共服务模型的核心是组织设计，它决定了服务质量、客户的满意度，进而影响公民的生活质量和社区的繁荣以及公民的权利；所有的这些参数，影响甚至决定了公共服务的效益（effectiveness）、效率（efficiency）、经济性（economy）、过程、产出（outputs）、结果（outcomes）和效果（effects）。与本研究密切相关的有效益、过程、结果和效果，下面涉及这些方面的时候，将会进一步加以适当解释。

桑德森的这个公共服务质量模型，将成为下文我们提供民族村镇广播电视公共服务评估指标体系时主要的参考框架。

---

① Sanderson, "Evaluation, Learning and the Effectiveness of Public Services: Towards a Quality of Public Service Model", *International Journal of Public Sector*, 1996, p. 100.

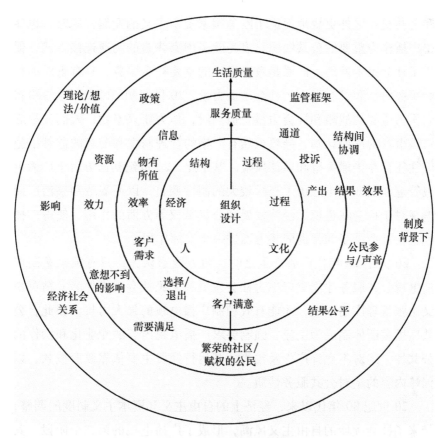

图 5 - 1 公共服务质量模型

第二节 民族村镇广播电视公共 服务评估的意义

民族村镇广播电视公共服务评估与其他内容生产及纸质行业出版不同，因其强大的宣传影响力和广播电视传播频率的有限性，广播电视传播技术在出现并发挥社会黏合剂作用之时就受到政府严格管制。鉴于此，欧美各国政府都高度重视并建立相关协调机构，就电视广播技术有限的电波资源进行分配，从而将广播频率资源在各个重要机构间进行配置，以电波作为沟通彼此的通道，使得广播在除电话、邮政和公共交通之外更快地促进了欧美国家资本主义的发展，同时，也使得广播作为重要的公共资源，成为欧美国家普遍的沟通连接方式，促进了社会民生发展。广播是政府提供的重要社会服务，具有重要的社会服务内容和具有强大的社会动员力量。20世纪初的欧美国家纷纷将它作为重要的战略和社会力量。但同时，作为新兴事物，人们又缺乏对该事物的深刻认知，导致虽然有严格的管理制度和配套的监管措施但往往存在传播失范和道德风险。基于此，20世纪初西方对于广播电视管理和认知基本经历了三次较大的制度调整，以便规范和整治广播电视对于社会在道德、经济发展和公民赋权等方面的作用，使得广播电视在社会进步和帮助弱势方面进一步发挥作用。

20世纪20年代广播产生之时，西方国家认为，只有国家垄断广播电视公共服务才能更好地为社会发展和公民社会提供保障，精英主义主张管理广播电视，才能有效控制广播电视的强大力量。因此，公共广播垄断体制成为主流，强制要求广播电视内容的专业化和操作的公共性，绝对不允许广告及销售，其运行经费主要依靠政府拨款，以保障内容的绝对公共服务性质。

20世纪80年代以来，经济上的自由主义和资本主义制度的调整，带来了社会领域的自由主义风潮，形成了广播电视的第二个阶段。其间新的生产方式、企业管理的改变、放松规制和公共服务垄断的打破，加上私有化在社会范围内的新发展，让社会资本进入公共服务领域成为新的趋势。世界范围内，公共广播电视从国有垄断向私有和商业趋势发展，从而根本改变了由垄断带来的内容质量低下和运转效率不高的情况，实现了从"受众为主"向"盈利至上"转型。从此，广播电视体制基本奠定了目前存在的双轨制和多元发展并存格局。

随着广播电视以及新闻媒体作为社会监督及公平正义伸张者角色的加强，其在促进社会公平正义的同时，也带来了侵犯个人隐私及媒体过度扩张的恶果。因此，进入21世纪以来，广播电视和新闻媒体越来越受到公众的质疑和诟病，公众要求其不仅要追求媒介利益，同时要承担起应有的社会责任。因为社会发展和社会文化传播担负着社会"瞭望者"的角色，广播电视及新闻媒体的责任及义务应建立在民主、责任和服务的基础之上，奉行服务理念，强调在民主对话、沟通协商的基础上加强政府与社区、民众的合作互动，建立有效的公民利益表达机制。因此，在我们看来，广播电视评估的意义就在于建立一套完整的体系，全面考察某个场域下、尤其是在贵州少数民族村寨作为调查样本的区域场景中，广播电视公共媒体是以何种形式在文化传承、社会发展及现代性转化接受过程中起到引导和涵化作用的，以评估的方式促进和规范整个过程，将生产、传播、效果及评估有机统一起来，形成完整闭环，以全面推动少数民族村寨广播电视公共服务的水平。总体上看，构建民族村镇广播电视公共服务评估体系具有多方面的意义。

一　建构民族村寨文化传承与经济发展科学量化的广播电视公共服务评估观测点

观测点的建立，可以为公共文化服务多个层面相应措施的实施提供基础。对照上面桑德森的公共服务质量模型可知，第三层次的多个方面与观测点有密切关系：监管框架直接需要建立观测点，少数民族村镇的人民是否积极参与广电服务的过程、结果的公平性、意外的影响和需求的满足等也都需要借助观测点展开工作；要想了解公共文化服务第二层的各个细节，更是需要观测点发挥其检测和跟踪功能。可以说，观测点的建立，是构建服务评估体系一个重要支撑点。

构建服务评估体系是测定公共广播电视效果及影响力的首要环节和首要任务，其科学性和有效性直接影响着公共广播电视在村寨发展及变迁过程评估中的成败。评估体系的构建是一项复杂的系统工程，基本的评估内涵包括：普适性、公共性、社会性和优质性几个方面。如此可以让少数民族村寨村民享受到与本民族相关的广播电视信息、教育和娱乐节目；使少数民族村民掌握足够的信息，针对和本民族及个人发展相关议题发表意见、进行公开辩论，保护本民族及本人权利并促进区域民主管理的健康运行；构建民族区域公共领域，建构民族民主讨论的平台，促进少数民族文化和主流文化共同繁荣与社会多元和谐发展，加强民族特征和社区的认同感，增强社会凝聚力；同时重视收视率和收视质量，提供与本民族相关的高质量的文化、戏剧和音乐等艺术类作品，促进主流文化与少数民族文化的共同文化繁荣，提高少数民族地区人民的文化素质，给予少数民族戏剧、音乐、电影等各类有地方特色的艺术作品和民族文化展示的空间。

为实现上述目标和功能，用于检查广电传输效果的观测手段是不可缺少的。目前，已经出现了一些有关建立观测点的研究。早在2004年，张伟就从政策和宏观的层面探讨了广电传输的监测问题。在该文中，作者重点介绍了21世纪初几年我国广电监视事业的飞速发展，同时展望2010年发展远景目标；从该文可以看出，计算机、网络、远程通信和音视频数字压缩等技术在广播电视监测领域有着重要的实际价值和发展前景；从该文还可以看到，即使是十几年前，我国广电监测事业就已经得到飞速发展，检测手段不断提高、技术队伍不断成长、各种当时先进的技术得到广泛应用；在长期的监测过程中逐步形成了"准确、及时、快速、高效"的工作方针；该文作者同时指出，随着我国广电事业的飞速发展，广电改革的不断深入，来自内外部挑战和竞争的日趋激烈，国际意识形态领域的斗争日益复杂，都给广电监测带来了新的挑战。[①]

近些年出现了许多针对广电监测（观测）技术的研究。张志营、陈常柏、林智海等人撰文指出，利用无线用电监测管理系统可以实现对供电系统中各节点电气参数的实时监测，进行线损的统计分析和用电负荷的合理分配与调度，进而加强对广电供电系统的实时监测与管理。[②]针对广播电视监测工作的技术现状，蒋寅新提出了一种适合广播电视安全播出监测的系统建设方案，并对其原理与设计方案进行了阐述。[③]

---

① 张伟：《发展中的广播电视监测业务》，《全国监测网》2003年第5期。

② 张志营、陈常柏、林智海：《广电供电系统的无线监测与管理》，《电气技术》2009年第9期。

③ 蒋寅新：《广播电视节目内容监测系统建设的设计》，《商品与质量：房地产研究》2014年第12期。

杨莉、钱卫、周涛等人的文章结合江苏省广播电视监测台的广电全媒体综合监测监管平台项目建设情况，阐述在三网融合、新媒体、大数据环境下，如何运用云平台安全技术，实现江苏省广电全媒体综合监测监管平台的安全运行；三人在文中指出三网融合、新媒体、物联网与云计算等新技术方兴未艾，为广电监测行业带来了新业态和新的监管需求；利用云计算、云存储、云安全等先进的 IT 技术，他们基本建成了一个具有高可用性、高安全性的全媒体综合监测监管平台，提升了江苏省广电全媒体综合监测监管平台在三网融合和全媒体大数据环境下的监测监管能力，初步实现了跨越式发展的目标。①

从现有研究可以看出，广电监测较早就已经引起人们的重视，人们从政策、系统建设特别是技术角度对其进行了研究和完善。不过，很难从现有相关研究中找到涉及少数民族村镇广电观测的研究。少数民族村镇广电监测还没有引起人们的注意，一个根本的原因是在大环境下，人们还没有关注少数民族村镇广电传输的实际效果，还没有把眼光投向民族村镇广电公共服务效果评估体系的建立。这种体系的建立，必然要求在各个少数民族村镇建设观测点，以便随时关注广电传输的实际情况和效果，为体系的建立和广电传输效果的进一步提高提供第一手资料。

二　建立少数民族村镇广播电视公共服务评估基本指标

前面的讨论显示，即使是在发达地区和城市，目前针对广电传输服务的观测还有待完善，至于少数民族村镇的广电村镇的监测更为落后。因而急需为少数民族村镇广电传输提供配套的公共服务评估体系和指标，以便及时获取反馈，对现有广电公共服务及时加以调查、发现问题、及时纠正，不断提高少数民族村镇广电服务质量。这部分内容以贵州为例，说明少数民族村镇广电服务评估的基本指标，为下文

---

①　杨莉、钱卫、周涛：《广电全媒体综合监测监管平台安全技术研究》，《广播与电视技术》2014 年第 12 期。

评估系统及其内容的论述提供指针。

建立广电服务评价体系的根本目的，是要在少数民族村镇建立均等化的服务。贵州本土区域少数民族广播电视公共服务评估指标既有与全国相似的指标，同时也有符合贵州特点的评估指标。贵州少数民族村寨广播电视在评估过程中既要符合主流的评估指标，同时也要与自身发展的历史过程相符合；既需要横向评估，以社会评价、公众满意度为主的"软指标"，同时需要纵向评估，以广播电视的公益性、事业性、社会效益性为标准、综合考量其公共服务职责的"硬指标"，全面准确地反映公共服务体系建设的内容和形式。

结合前面的讨论，特别是有关桑德森参考公共服务质量模型的讨论，我们认为在执行一定原则的条件下，（贵州）少数民族村镇广播电视公共服务评估基本指标也应该是多层次、多角度的。

三　及时准确地了解少数民族区域广播电视行业的发展状况

自 20 世纪 90 年代走向市场以来，中国广播电视业逐步从事业化向企业化进行转型和过渡，一直在寻求构建质化和量化相结合的评估体系，以了解当前发展现状、规范行业行为。在快速的城镇化过程中，贵州少数民族区域大量原生态少数民族村寨被裹挟进入现代化进程中。其间少数民族区域文化变迁和经济发展模式开阔了当地人民的视野，公共广播电视媒体也成为民族村寨变化发展的重要动因之一。因此，本课题以调研作为基础、以梳理基本广播电视对少数民族地区发展影响为主线，探究边缘少数民族地区广播电视的发展推动力量，借此在贵州形成推动民族文化、经济发展的少数民族地区广播电视公共服务典型范例。

四　推动少数民族广播电视服务评估体系的建构

评估体系的目的是规范少数民族地区公共广播电视的管理，以评估的方式确保贵州特定少数民族地区人民能享受与汉族区域相同的公共广播电视服务，并借此减少甚至消除"知识沟"的存在，让少数民族地区民众也能通过媒体服务提升自我，并有效促进经济增长和社会文明进步。评估体系要坚持以受众为主、流程清晰、体系严谨三大原则。以受众为主是建构评估体系的根本，是评估服务体系建立的着力点；流程清晰是评估体系建构的核心，以少数民族地区为核心进行的评估操作，应该坚持过程清楚、流程清晰，能经受检验，为评估创造良好的社会环境；体系严谨是评估活动必要条件，评估只有建立科学有效的操作规范，才能形成正确的结论，才能有效指导和纠正广播电视公共服务在实践中的不足，从而让服务更有力和有效。强调评估的主体和客体，即谁是评估者和谁被评估。广播电视公共服务的主体是公众，即评估者；客体是各级政府和相应的广播电视机构。少数民族区域广播电视公共服务评估有其自身的特点，需由政府牵头，评估人员由教育、民族宗教、专业人士和少数民族代表等共同组成，就政府民族公共政策、广播电视设施、少数民族题材内容供给和帮助少数民族发展内容等展开评估。具体负责实施民族地区广播电视公共服务评估的团队确定评估原则、评估内容和评估指标和基本观测点，完善评估体系，并组织有效实施。

第三节　民族村镇广播电视公共服务评估的理论依据和核心内容

本章第一节中桑德森的公共服务质量模型告诉我们，公共服务包括四个层次，二、三十个因素，包括理论、政策、监管甚至文化等方面。参考桑德森的这个模型并结合本研究的实际，这一节我们主要关注民族村镇广播电视公共服务评估的理论依据和核心内容。

一　理论基础

2017 年，贵州第十二次党代会提出"大扶贫、大生态、大数据"的三大发展战略目标，贵州的大发展大跨越即将展开。在此背景下，贵州少数民族地区民族村寨广播电视公共服务研究由此提出，目的在于助推贵州三大战略。贵州民族地区广播电视建设的成效与贵州精准扶贫、旅游发展和数据建设密不可分；在经济发展层面，广播电视的文化与技术传播对于扶贫扶智至关重要；在旅游及数据发展层面，贵州全省智慧旅游方兴未艾，基层大数据建设正蓬勃发展。可以说，贵州少数民族区域的广播电视设施及内容建设是在数据发展与电视内容覆盖的双重建设下进行的，正是这样的双重效果，贵州少数民族地区的广播电视建设正显示出不同于其他地区的特色。但同时，我们也要看到，从全国层面来说，我国的广播电视建设是以发达地区到欠发达地区、最后到落后地区这样的建设序列进行的。因此，贵州的广播电视建设呈现出基础设施薄弱、传播内容单一和缺乏针对性等问题。尤其是针对少数民族的特色文化内容缺失，导致少数民族文化的传承与保护矛盾凸显，少数民族地区旅游及经济发展缺少思路与路径的问题严重。在助推少数民族落后地区政治、经济和文化发展过程中，广播电视没有发挥出应有的功能与作用，同时，也没有厘清政府、服务与个人之间的关系，充分让广播电视在法律保障下、由政府担负相应的职责。贵州的广播电视未能很好地完成以下使命：使少数民族地区的广播电视秉承为大众利益服务的原则；肩负文化传承、教育启蒙、关注弱势和助推地方经济发展的使命；注重设置公共议题，确保少数民族在主流文化的声音中能发出自己独具特色的多彩有力的声音。所有这些都有待进一步拓展和完善。

从国家层面看，我国整体的政治经济体制使广播电视体系呈现双重属性：既是政府机构，又是市场主体；既要服务大众，又要迎合客户；既强调教育性，又追求视听性；既要掌握特定受众，又要影响广大公民。而在贵州少数民族地区，广播电视除了具有以上属性外，还具备为少数民族地区民众提供本民族文化内容的影视作品和内容，此外还具备帮助地方经济发展及社会发展、尤其在旅游和形象传播方面的作用。因此，探讨分析广播电视公共服务的主体、内容、对象以及接受原则等方面内容，有助于我们更好地为少数民族地区提供有益和有效的公共产品。

1. 服务主体的公共性

在我国广播电视公共服务体系中，各级广播电视行政机构和电视台、广播电台是提供广播电视公共服务的主体。公共服务的主体，其自身必须体现出较强的公共性。因此，针对贵州少数民族区域的公共广播电视，要明确服务的对象，不能无差别地以主流对象为主。提供的产品内容必须体现针对性和特殊性，以推动少数民族区域文化及经济发展。广播电视要为少数民族地区的公众服务，要为少数民族的公众所用。

（1）在少数民族地区，服务主体必须具备差异性和特殊性服务的意识，这是有别于主流传播的小众化内容，强调少数民族区域受众的"方便、实用、顺手"。少数民族区域受众是广播电视服务的主要对象，区域化的广播电视媒体应该秉承为公众服务的理念指导实践活动。

（2）基于区域服务性质、广播电视主体资金来源的公共性并结合贵州省实际情况，公共广播电视机构的资金来源应该以地方政府公共拨款、广告税的征收、有线电视费的抽成以及社会捐助等公共渠道为主。做到以服务贵州主流大众及小众少数民族地区为宗旨，不以营利为目的，资金来源、资金使用等环节公开透明。

2. 广播电视服务对象与传播主题之间的双向互动性

广播电视媒体在提供公共服务的过程中，需要对服务对象有一个理性、动态的分析与掌握。目前许多理论都支持广电服务的双向互动性。在他们的研究中，登哈特夫妇（RB Denhardt，JV Denhardt）提出了"新公共服务"这个概念，这是一种建立在以下领域工作之上新的运动：民主公民权、社区与市民社会、组织人文主义与话语理论。他们为新公共服务提出了七个原则，其中最引人注目的原则是：提供公共服务人员的主要作用是帮助市民表达和满足他们的共同利益，而不是试图控制或引导社会。[①] 参考这样的新理论，我们可以对广电传播提出这样的要求：

---

① R. B. Denhardt, J. V. Denhardt, "The New Public Service: Serving Rather than Steering. Public Administration Review", *Public Administration Review*, Vol. 60, No. 6, 2000, p. 549.

广播电视服务对象与传播主题之间应该是基于充分交流、互相尊重基础上的双向互动性。无论是广播电视服务对象还是生产传播内容的主体，都不应尝试控制或者引导对方。服务对象（观众、听众）不应该强制要求服务主体生产超过其能力或者有违道德甚至法律的事情（如播放低俗内容）；反之，服务主体也应该考虑服务对象合情合理的需求，而不应该强加一些内容到节目里面，意图对服务对象加以思想控制或者观念的诱导（比如宣扬资产阶级的思想观念、高消费主义等）。

所以，双向互动性是非常重要的。缺了它，广电传输的内容可能会走偏，服务主体和服务对象都有可能误入歧途。关于这一点，美格尔（Mergel）更是在其研究中直截了当地提供了一种诠释公共服务领域社会媒体的互动框架。在美格尔看来，社会媒体的应用正在扩展信息和传播技术在公共服务领域的领地，他们可以被用来增加政府的透明度、参与度和美国联邦政府之间的合作。这些新形式的双向网络互动的成功、影响和表现，可以为人们提供洞察力，以便了解政府公开倡议的执行情况。①

由此可见，双向互动性是确保广电传输服务坚持正确道路的重要保障，是为少数民族村镇人民提供令人满意的广电节目内容的重要保障。对于贵州少数民族区域，要考察传播的互动性与有效性，引入评估机制则是必然的过程。通过评估来考量互动的效果及传播的效果，以此满足不同人群及个体的需求，尽量照顾到各阶段、各区域和各民族。尤其在贵州，由于各民族小聚居的特点，这样做的意义更为重大。

3. 服务接受的均等化

公共服务的均等化在国内研究得非常多，这是公共服务最核心的目的。前面我们已经了解国内一些有关均等化的研究，这里再介

---

① I. Mergel, "A Framework for Interpreting Social Media Interactions in the Public Sector", *Government Information Quarterly*, 30（2013）.

绍两个国外的研究，以进一步充实公共文化服务均等化的理论基础。卡梅伦（Cameron）从公共责任角度探讨了公共服务的有效性、公平和伦理。他如对公职人员道德行为进行激励的阐述，指明了保障和提高公共服务有效性、公平的方法和途径。① 弗雷德里克森（Frederickson）在其著作中较为全面、深入地探讨了社会平等和公共管理的起源、发展和应用；从该著作可以看到，社会公平经常被称为公共服务的"第三支柱"，仅次于社会效益和社会经济；社会公平关注的是组织的公平性、管理和公共服务的提供。②

正如孔子所言，"不患寡而患不均，不患贫而患不安。"（《论语·季氏》）即使是在一个整体社会效益良好和社会经济发达的国家，如果贫富差距、公共服务存在巨大差距，必定也会引起社会的动荡不安。广播电视服务必须力争均等化。当然，由于不同地区地理、社会和历史的原因，要做到均等化并不容易。诺曼（Norman-Major）指出，虽然在接近世纪之交社会公平被称为公共服务的第四个支柱，但要获得传统公共服务中经济、效率和效益那样同样重要的地位，还需奋斗；出于这种考虑，诺曼专门探讨了以下这个问题：我们要如何评估社会公平，使得它与公共服务的其他三个支柱有同样的地位？③ 总而言之，公共服务中的社会平等还没有达到令人满意的地步，在加强社会公平方面，还有许多工作可以做。

在贵州少数民族区域的广播电视服务中，均等化是一个重要的评估指标。从主流的传播内容来说，贵州少数民族区域所接受的主流电视节目内容相对而言较少，这主要和基础设施的建设有较大关系。此

---

① W. Cameron, "Public accountability: Effectiveness, Equity, Ethics", *Australian Journal of Public Administration*, Wiley Online Library.

② HG Frederickson, 2015, Social Equity and Public Administration: Origins, Developments, and Applications. New York: Routledge, https://www.taylorfrancis.com/books/9781317459774, 2019 年 1 月 2 日。

③ K Norman-Major, 2011, Balancing the Four Es: or Can We Achieve Equity for Social Equity in Public Administration? *Journal of Public Affairs Education*. Taylor & Francis, http://www.naspaa.org/JPAEmessenger/Article/VOL17-2/17n02_final.pdf#page=77, 2019 年 1 月 2 日。

外，特殊化和针对性的少数民族内容更是匮乏，甚至几乎没有，这也导致在均等化方面存在较大问题。因此，在广播电视公共服务评估中接受均等化的指标，更能令广播电视公共服务在少数民族地区的传播中体现针对性和差异化。当前影响广播电视公共服务均等化的因素主要有：广播电视的覆盖范围、广播电视传播的内容、广播电视的入户要求等。

二 评估内容

具体而言，贵州少数民族区域广播电视公共服务的评估指标主要涉及以下内容：基本广播电视政策实施指标、基础设施覆盖指标、传播民族文化指标、兼顾与效果指标、服务满意度指标等。

1. 基本广播电视政策实施指标

政策属于桑德森公共服务质量模型第三层次的重要内容。鉴于公共资源、权力主要掌握在政府手里，因而政府在提供广电服务过程中应该扮演主要的角色、采取各种有效的手段为民众提供令人满意的广电服务。基本广播电视政策实施指标，决定了该项公共服务的目的、进展和成效，是广播电视评估的核心。评估点包括：公平共享是少数民族地区广播电视考察的重点，也是考察在该地区相关政策的落实是否已经从政府层面得到加强；科学主要考察广播电视在照顾民族地区文化传承与经济发展等方面与媒介助推发展方面结构是否一致，是否有明显的推动作用；公共财政的投入指标，包括硬件方面的投入和内容生产方面的投入。世界上没有一个国家广播电视内容供给完全依靠广告费来支撑，它们大多建立了公共广播与商业广播的双轨制，以平衡公共利益与商业利益的关系。而贵州少数民族地区更应该多种手段并举，既有国家层面的投入，也有商业发展的推动，同时也要积极争取发达地区及人士的支持，更重要的是可以与地方旅游发展及高端农业发展结合，走多种结构融合的新形式之路。

2. 基础设施覆盖指标

这方面的内容，在桑德森的公共服务质量模型中不是很明显，不过，该模型中第三层次的资源应该包括了基础设施。如果说基础设施在发达国家一般不是问题，考虑到我国少数民族村镇基础设施相对落后的情况，基础设施的建设应该成为本研究的一个重要指标。在我国，广播电视公共服务分为无线和有线传输两种，无线是由政府主导的公共产品，是免费提供的大众传播内容，以财政拨款为主；而有线属于有偿增值服务，虽为政府主导，但也有社会资本的参与，传播内容基本以针对性和个性化服务为指导，是评估的重要内容。贵州从2000年后开始了全省的"村村通工程"和"西新工程"，加大了硬件覆盖的投入，但在内容服务方面仍然停留在大众化内容的提供上，很少有针对少数民族地区的个性化内容服务。

3. 内容供给指标

从桑德森的公共服务质量模型看，内容关系到公共服务的多个层次、多个方面：对公共服务的受众是否产生无意的影响、受众的需求是否得到满足、均等化（平等的）结果是否实现、受众是否被给予了参与/发声的机会（第三层次）、受众的要求是否得到了反馈和解决、服务的标准是否实施、受众抱怨的问题是否得到解决（第二层次）、受众的文化需求是否得到满足、他们的文化是否得到表达（第一层次），等等。这些方方面面的内容，直接关系到公共服务的质量和受众的满意度。因而，内容供给指标是少数民族村镇广电最核心的指标。

在全球范围内，广播电视的盈利模式不外乎广告收入和优质电视内容的提供。对于大中城市的内容指标评估也用收视率作为评价的标准，但对于贵州少数民族地区，仅用收视率来进行评估则有失偏颇。因此，少数民族地区的广播电视内容评估应在收视率的基础上强调信息类、文化教育类、服务类节目供给的比重。频道设置和节目内容的科学性、丰富性、公正性、可选择性等指标非常重要。

4. 效率与公平指标

效率指投入和产出的性价比，包括硬件覆盖、内容制作和公共财政的使用效率。理论上直接支持公平分配对象的学说，主要有着长期影响的机会平等学说、罗尔斯和大卫·米勒等人的资源平等说和阿马蒂·亚森的能力平等说。在桑德森的公共服务质量模型中，效益（effectiveness）、效率（efficiency）、经济性（economy）和效果（effects）都是重要的指标。所有这些指标最终要达到的一个目标就是公共服务的公平（equity）或均等化。

这里说的效率与公平指贵州少数民族地区广播电视投入与地方经济发展之前的比例，即从发展传播学的角度看，广播电视的覆盖能对地方的文化保护、民族身份强化和经济发展产生影响。在承认公共服务在群体之间存在差异原则的前提下，对贵州少数民族地区公共服务的提供必须遵循有助于改善少数民族地区经济发展和个人发展状况的原则。

5. 管理性指标

广播电视是现代科技的产物，现代科学技术是现代广播电视发展的强大动力。伴随着新一轮技术革命方兴未艾，尤其是网络技术、数字技术的迅猛发展，传统广播电视技术迅速下沉至少数民族地区，并使这些落后地区社会经济发展产生了革命性进步，随之而来的传统媒体与新媒体的融合发展也使得贵州少数民族地区出现了技术叠加、交叉进行的现象，在贵州广大的少数民族地区，出现了现代广播电视发展的新环境，使广播电视业态呈现新的形态和特点，更对广播电视管理体制提出了新要求。现代广播电视工作者要能够清醒地认识到广播电视在少数民族地区网络化、数字化和三网融合发展环境中的前景与地位，要认清少数民族地区广播电视事业、产业在新媒介环境中的新特点、新形势，以便分析、研究并建立适合贵州甚至西部广大少数民族地区现代广播电视发展的管理新体制、新机制，促进广大少数民族地区现代广播电视和新媒体事业产业的健康有序发展。

6. 满意度指标

本研究的有关讨论显示，满意度是少数民族村镇广电服务的终极目标。从桑德森的公共服务质量模型可以看到，该模型的核心纵轴是由生活质量、公共服务质量、组织设计、满意的客户（受众）和繁荣的社区/被赋予权利的居民组成的。① 这个纵轴的关键点实际上是满意的客户。只有客户满意了，他们的生活质量和幸福感才会因为公共服务而得以提高；客户满意，说明公共服务的质量是好的、公共服务的组织设计是合理的。这样，社区的繁荣会得以保障和发展，公民的权利也可以从特定的角度得以保障。

本研究中，满意度是从态度方面进行的定性分析指标，指少数民族地区受众对地方及相关频道提供的广播电视公共服务水平和质量的满意度，包括对基础设施建设、少数民族特色内容供给、服务收费和服务质量等方面。满意度指标的评估有利于加强少数民族地区受众对广播电视节目质量及内容的提高，从中可以研究服务标准、流程、效率与期望之间的差距，找到少数民族地区受众的关注内容和方向，从而改进服务质量。

7. 应急传播指标

贵州少数民族地区应急广播电视传播体系在突发性事件、灾害性事件中作用非常巨大，是少数民族地区广播电视服务功能中非常重要的组成部分。传统的广播电视作为一种重要的新闻媒介，在我国公民中尤其是偏远地区信息获取能力较低的少数民族区域具有极高的公信力和较高的覆盖力，因此，少数民族地区广播电视以其独特的媒介属性在突发自然灾害中发挥着强有力的作用。尤其是在突发性自然灾害或公共事件发生前后，广播电视媒介作为偏远少数民族地区应急管理体系中的一个重要甚至是唯一的传播窗口，可以将相关灾害的破坏力度、损失程度等信息及时、准确地传达给少数民族群众，从而为少数民族群众的防灾减灾带来帮助，提高灾害自救能力，通过获知广播电视媒介传播的信息有效避免或降低灾难程度。近年来，随着地面数字电视、下一代有线数字电视、数字广播以及广播电视新媒体等新媒介技术的发展，如何充分采用新的广播电视传输技术进行更为有效的应

---

① Sanderson, "Evaluation, Learning and the Effectiveness of Public Services: Towards a Quality of Public Service Model", *International Journal of Public Sector*, 1996, p. 100.

急消息发送和应急节目传输、如何在应急广播系统中将新技术与传统的广播电视传输技术充分融合，使其在应急响应方面充分发挥应有的作用，建立统一联动、安全可靠的国家及偏远少数民族地区的应急广播电视体系，是对我国现代广播电视传播体系建设提出的新任务新要求。

第四节　民族村镇广播电视公共服务 评估的指标体系

基于上述讨论，本节提出民族村镇广电服务评估的指标体系。除了具备一般评估指标体系的基本特征和原则外，民族村镇广电公共服务评估指标体系还有其自身的特点。本节先简单说明民族村镇广电服务指标体系的特征和原则，然后较为详细地阐述其中一些细化的内容。

一　民族村镇广播电视公共服务评估体系的基本特征

民族村镇广电公共服务评估体系具有一般公共服务评估体系的特征，如综合性、多层次性。不过除了一般的公共服务评估体系（如桑德森上面所提供的公共服务质量模型）所具有的特征，民族村镇广电公共服务评估体系还具有以下这些特点：

（1）更注重基于实地调查来厘清少数民族村镇人民对广电服务的需求，虽然理论也是必要的参考。

（2）关注结构性差异，如城乡差异、地域差异，这是由中国的历史和实际情况决定的。城乡差异是由于此前我国特殊的历史原因造成的，最近一些年，城乡差异呈不断扩大趋势。地域差异跟中国辽阔的地域和多民族文化密切相关。目前，世界上发达国家的发达地区基本上都集中在沿海地区，这是由于沿海地区在当今的社会发展条件下具有地理优势，因而具有更好的效益。而内陆山区如贵州由于自然地理条件的限制，社会生产效益受到了限制。这些都应该考虑在少数民族村镇广电服务评估体系的建立之内。

（3）更注重不同少数民族人民的体验。这是由于我国少数民族众多，各地文化差异大，发展不平衡。汉语语言和文化没有"一统天下"（实际上，这也没有必要）。因而，有必要针对各地少数民族的具体的语言、文化、生活的实际和需要，为他们提供差异化的公共文化服务评估方法。因而，少数民族村镇广电服务评估系统更注重细节。

上述这些特点使得民族村镇广电公共服务评估体系能够更具有针对性、更加及时有效地评估少数民族村镇广电服务的真实状况，及时发现问题，提出有效解决问题的措施。

二　广播电视公共评估指标体系的细化

参考现有研究，如桑德森的公共服务质量模型、少数民族村镇的实际情况和本研究的目的，本节提出广播电视公共评估指标体系的主要细节。

对于广播电视公共服务评估，首先要理解其服务对象——"公众"。广播电视公共服务的群体指向为全体公民，而把视域定格在少数民族村镇的范围，必然要对"民族"与"村镇"两个范围进行量的界定，而这一维度体现地域性与差异性。公众的第二个维度便是多样性，一定范围内的公众也包含着多样的民族与群体、不同的阶层，民族村镇广播电视公共服务评估的对象定格在少数民族村镇，就是以少数民族村镇为地域范围，对少数民族村镇的广播电视现状的差异性及围绕公共服务进行的指标评估。我国少数民族村镇广播电视公共服务评估对公共政策、覆盖传输、内容供给、效率、公平、满意度这六个一级指标进行了分类，在一级指标下建立二级指标和三级指标。就贵州少数民族村镇而言，需要对于公共性、公平性、内容性加权。

1. 公共性指标

公共性指标首先体现为政府针对广电传输的政策、投入和组织设计。在桑德森的公共服务质量模型中，政策属于第三层次的内容，公共财政投入虽然在这个模型中没有明显表示出来，但作为提供公共服务的主体，政府对公共服务的财政投入是整个公共服务体系的核心动力源泉。在桑德森的模型中，公共服务的组织设计是整个系统实施的核心。

相应地，少数民族村镇广播电视公共性指标可以分为三部分：公共服务政策、公共财政投入、公共服务组织。公共政策是广播电视公共服务的实施指南，涉及广播电视覆盖政策，频道频率设置政策、节目的播出政策；公共财政投入涉及财政投入大小、公平性、科学性以及财政转化效率；公共服务组织则更多涉及设备维护，工作人员职业培训，设备技术的标准设置。公共性指标直接反映少数民族村镇的广播电视服务的效果，影响公平、满意目标的实现。

公共性指标具体化到评估层面，可操作性较难，一般借用以下软指标进行评估，其指向的内容通过效果进行反映：

（1）公共政策性指标指广播电视在公共服务中的民族政策效益、乡村服务对民族村镇民众的影响，少数民族本民族文化的传播程度及推动少数民族地区经济发展的效果等；

（2）民众影响力指民族村镇广播电视对于民众的作用效果；

（3）民众信任度为民族村镇民众对于广播电视公共服务内容的可信度以及依赖程度；

（4）民众需求度表现在民族村镇地区民众对于频道内容设置的关注情况，对于相关设施付费的接受度；

（5）民众参与度即广播电视节目的题材、表现方式的选择是否广泛征求了民族村镇民众意见，其内容是否能引起民众的广泛关注以及互动。

（6）民生主要指在信号覆盖、频道丰富性上能得到相应保证，播放内容上能反映民族村镇群众真实心声及合理诉求。

上述指标用表 5-1 表示如下：

表 5 - 1　　　　　　　　　　　　公共性指标

一级指标	二级指标	调研方法	量化
公共性指标	公共政策性	问卷	问卷结果 10 分制
	民众影响力	问卷	问卷结果 10 分制
	民众信任度	问卷	问卷结果 10 分制
	民众需求度	问卷	问卷结果 10 分制
	民众参与度	问卷	问卷结果 10 分制
	民生	问卷	问卷结果 10 分制

2. 公平性指标

公平性（equity）是桑德森公共服务质量模型第三层次的内容。虽然在这个模型中，公平性并不突出，但是，它是国内外政府公共服务追求的目标，更是国内外学者研究的热点课题。公平性也是少数民族村镇广电服务不可或缺的指标。

民族村镇广播电视公共服务就地域而言应该是普惠性的服务事业，其公平性包含两个方面：一方面是对服务对象（少数民族村镇民众）均等化服务；另一方面是所提供的硬件、内容以及维护的均等化。

对公平性进行细分，主要表现在区域公平、民族公平、城乡公平以及群体公平。

（1）区域公平指各个地区都能享受到广播电视信号的覆盖以及内容的播放服务；

（2）城乡公平指城市与农村人口结构上电视资源的供给平衡。涉及信号覆盖区域、信号强度、渠道资源上的平衡，内容是否满足该民族村镇的需求，是否呈现丰富与多样性节目。

（3）民族公平指不同民族是否可以收到反映其民族的生活、生产、文化以及教育等息息相关的内容，在形式上是否设置本民族语言的节目。

（4）群体公平涉及不同的群体，特别是要求民众村镇的弱势群体都能享受到广播电视服务的费用减免政策。

表 5 - 2   公平性指标

一级指标	二级指标	调研方法	量化
公平性指标	城乡公平	城市与农村在信号强度、信号覆盖度、频道数差异	农村频道数/国家要求
	民族公平	少数民族节目数量	少数民族节目数/国家要求
	区域公平	不同区域频道数量差异	民族村镇频道数/国家要求
	群体公平	问卷	减免费用户数/符合减免政策总数统计

3. 覆盖性指标

覆盖性指标可以让我们联想到桑德森质量模型第二层次的服务获取、信息获取（access）。足够高的覆盖性是实现少数民族村镇广电服务的必要手段和途径。

广播电视信号覆盖率就信号传输类型而言，一般分为无线与有线信号覆盖。这方面我国在政策上与其他国家不同：无线信号的覆盖为政府主导，财政拨款为主；而有线信号为政府主导，税收减免的措施；广播电视新媒体服务的供给属于政府参与，市场主导，"谁投资，谁收费"原则。覆盖率一方面指广播电视信号在民族村镇的覆盖情况，另一方面是指信号在民族村镇的接收情况。对于民族村镇覆盖率指标的评估，能够较为直接反映该地区广播电视基础设施建设情况，在评估中一般做硬指标处理。就电视信息的覆盖而言，涉及信号覆盖的完整性与信号有无以及信号质量的强弱问题，民族村镇对电视信号接收情况涉及该地区民众信号终端设备的普及指标。由于设备更新迭代较快，是否是主流设备也须纳入接收指标中。

具体设置指标：

（1）民族村镇广播电视信号覆盖面积比：该指标评估的是区域内民族村镇广播电视覆盖面积，以及某一民族村镇广播电视覆盖面积，所以设置单位是前提，可以按照某一民族村镇连片区域为单位，也可以按照具体的民族村镇为单位（民族村镇广播电视信号覆盖面积比＝实际覆盖面积/整个民族村镇连片区域面积×100％或者实际覆盖面积/某一民族村镇连片区域面积）；

（2）民族村镇广播电视信号覆盖人口比：覆盖人口是指广播电视信号在民族村镇连片区域或者某一民族村镇可接收人口数［民族村镇广播电视信号覆盖人口比＝实际覆盖人口/本地区（连片民族村镇或某一民族村镇）总人口数×100％］。该覆盖率是产生广播电视公共服务影响力的前提，对该指标评估意义明显；

（3）广播电视信号质量：广播电视信号是否送达、中断、无干扰。该指标量化为：广播电视信号质量＝送出信号数/总信号数×100％；

（4）民族村镇信号维护次数：指某民族村镇片区或某一民族村镇广播电视信号（网络）维护次数；

（5）终端设备技术更新：终端设备技术更新是为了适应不断更新的电视信号传输环境。这一指标的评估指向该行业设备运维人员学习与发展情况。

覆盖指标的量化具体细节见表5－3。

表5－3　　　　　　　　　　　　覆盖指标分析

一级指标	二级指标	调研方法	量化
覆盖指标	民族村镇信号覆盖面积比	民族村镇（连片或单一）覆盖面积占总面积比	覆盖村镇/总村镇或村镇覆盖面积/总面积
	民族村镇信号覆盖人口比	民族村镇（连片或者单一）占总人口比	覆盖村镇/总村镇或村镇覆盖人口/总人口
	广播电视信号质量	专业评估	评估结果10分制
	民族村镇信号维护次数	问卷	问卷结果10分制
	终端设备技术更新	问卷	问卷结果10分制

4. 内容指标

参考桑德森的公共服务质量模型可知，广电服务的内容与这个模型中第三层次的结果公平性、无意影响、需求满足和第二层次的花钱价值所在、客户要求等密切相关。内容的重要性可想而知。

民族村镇广播电视公共服务的内容影响到民族村镇民众的精神生活，同时，民族村镇广播电视公共服务内容质量的优劣也对国家传递政策、促进社会进步，保持民族团结稳定有一定影响。民族村镇广播电视公共服务内容涉及方方面面，其评估可以围绕内容质量与内容结构进行。

质量方面可以分为：

（1）节目创新性。节目内容的新颖程度、形式趣味得到民众更多的认可，可以按照新颖的节目数/所有节目数来比较；

（2）节目深度。内容信息符合当地民众认知性前提下也能兼顾较深刻的内涵与较高的参考性；

（3）节目真实性。节目中的新闻、特别是地方性新闻与广告的真实性；

（4）节目教育性。节目是否能够对民族地区民众起到启迪与教育作用，在文化上引领良好风尚，传播科技、卫生知识普惠大众；

（5）娱乐性。节目能够贴近民众需求，引导多元的大众审美取向。

结构方面可分为：

（1）节目丰富性。节目能够按照一定比例满足受众不同年龄、不同领域、不同地域人的需求。

（2）节目的地域性。节目是否包含典型民族文化、政策，是否包括乡土、乡村、乡情类节目；

（3）广告设置合理。一方面商业广告与电视节目比例设置是否具有合理性，另一方面商业广告与公益广告的平衡性。

内容指标的结构和评估方法见表5-4。

表5-4   内容指标

一级指标	二级指标	调研方法	量化
内容质量	节目创新性	问卷	问卷结果10分制
	节目深度	问卷	问卷结果10分制
	节目真实化	问卷	问卷结果10分制
	节目教育性	问卷	问卷结果10分制
	娱乐性	问卷	问卷结果10分制
内容结构	节目丰富性	问卷	问卷结果10分制
	节目的地域性	问卷	问卷结果10分制
	广告设置合理性	问卷	问卷结果10分制

5. 管理性指标

管理性指标主要集中在法规评价、机制评价和运营评价三方面，在桑德森指标模型中是比较重要的部分，涉及对广播电视事业的管理做到有法可循、依法管理，尤其涉及对贵州少数民族村镇中的广播电视事业的发展及规范；同时将生产机制及运营机制纳入评估范畴，从制度上确定少数民族村镇广播电视的生产及运营，从而提供可持续的内容供给。

（1）法规评估。一是要解决少数民族村镇广播电视发展过程中存在的对已不适应视听节目服务形式修订及提升问题；二是根据变化的情况，提高少数民族村镇节目服务管理的层级；三是要对少数民族村镇视听节目发展过程中出现的新情况、新问题，及时和有针对性地制定管理办法。

（2）机制评估在省级及市级层面的广播电视内部形成合理的广播电视生产机制，结合全国及省市在文化上重点保护少数民族文化及语言的相关要求，制播少数民族群众喜闻乐见的作品。

（3）运营评估要以市场化的运营机制运作少数民族地区广播电视节目内容，形成专业的制播团队，充分吸纳和利用各种社会资源，专注、专一地为少数民族地区打造精品内容，从市场定位及广播电视内部的管理中明确将生产少数民族地区有针对性的节目作为相关团队的宗旨与目标。

表 5 - 5　　　　　　　　　　　收视情况

一级指标	二级指标	调研方法	量化
法规	相关规定	专业调研	调研数据
	修订情况	专业调研	调研数据
机制	机制内容	专业调研	调研数据
	修订情况	专业调研	调研数据
运营	专业团队	专业调研	调研数据
	电视节目内容	专业调研	调研数据

6. 服务质量指标

桑德森公共服务质量模型中，服务质量是纵轴的一个核心指标，关系到受众生活质量是否因公共服务而提高、受众是否满意和公共服务对社区的繁荣是否做出了贡献，等等。整个服务指标体系中，服务质量指标也可以起到提纲挈领的作用。

民族村镇广播电视提供的良好服务是确保文化政策普及到位的必要条件，也是社会公平的体现。广播电视行业提供服务的主体包括电视台、电台、传媒机构及网络公司等。民族村镇广播电视公共服务质量包含如下几个指标。

（1）服务的便捷性。通常情况下民族村镇交通较城区更为不便，村镇能否有广播电视的服务站点，站点工作人员是否出勤以及出勤及时性；

（2）服务能力。服务人员是否能有效解决广播电视安装、维修等问题；

（3）服务反馈。民众的需求能否及时处理，能否有反馈；

（4）服务的礼节性。主要指服务用语、着装、办事规范性。

上述指标列表如表 5 - 6 所示：

表5-6　　　　　　　　　　**行业服务质量评估指标**

一级指标	二级指标	调研方法	量化
内容质量	服务便捷性	问卷	问卷结果10分制
	服务能力	问卷	问卷结果10分制
	服务反馈	问卷	问卷结果10分制
	服务的礼节性	问卷	问卷结果10分制

7. 满意度

桑德森质量模型的第二、第三层次都涉及受众满意问题（satis-faction，satisfied customers）。满意度是软指标，是民族村镇民众对广播电视公共服务内容、设施、性价比和态度的评价。民众的满意程度体现了公共服务的行业水平以及执行理念。满意度主要考查如下指标：

（1）硬件覆盖满意度，体现在内容、形式与结构方面；

（2）性价比满意度，包括硬件性价比与内容性价比；

（3）服务态度和效率的满意度。

表5-7　　　　　　　　　　**满意度**

一级指标	二级指标	调研方法	量化
满意度	硬件覆盖满意度	问卷	问卷结果10分制
	性价比满意度	问卷	问卷结果10分制
	服务态度和效率满意度	问卷	问卷结果10分制

8. 收视指标

有足够高广电覆盖率，不一定意味着高的收视率。收视率可以让我们进一步了解民族村镇广电服务的效益（effectiveness）、经济性（economy）、产出（outputs）、结果（outcomes）和效果（effects）等桑德森模型看重的指标。

广播电视收视率是指某一时段内收看某电视频道或者某电视节目的人数或家户数占电视观众总人数或家户数的百分比。民族村镇收视率研究对于信号覆盖、节目编排、运维服务以及广告投放都是一个重要参考。指标因素包括民众所收看节目内容、受众的年龄、文化职业结构、收视时间长短等。

表 5 – 8　　　　　　　　　　　**收视情况**

一级指标	二级指标	调研方法	量化
收视	最高收视率	专业调研	调研数据
	平均收视率	专业调研	调研数据
	占有率	专业调研	调研数据
	重复率	专业调研	调研数据

9. 经营性指标

这个指标在桑德森的质量模型中没有明显的体现，但这是衡量少数民族村镇广电服务能否持久维持高质量服务的重要指标。经营性指标包括广播电视收视硬件、运维、内容收费情况。经营性效果的好坏直接反映出广播电视服务于民族村镇的能力。我国广播电视公共服务既有国家主体性，也有市场运作特点。

表 5 – 9　　　　　　　　　　　**经营性指标**

一级指标	二级指标	调研方法	量化
经营指标	广告创收指标	行业内部统计数据	统计数据
	成本核算指标	行业内部统计数据	统计数据
	人均利润	行业内部统计数据	统计数据
	经营利润	行业内部统计数据	统计数据

10. 应急传播指标

应急传播作为少数民族村镇广播电视基本功能之一，是必须被作为评估指标的，因为少数民族地区广播电视以其独特的媒介属性，在突发自然灾害中发挥着强有力的作用。

表5-10   应急传播指标

一级指标	二级指标	调研方法	量化
应急指标	广播电视覆盖	行业内部统计数据	统计数据
	网络传播技术	行业内部统计数据	统计数据

11. 权重设置

少数民族村镇人民经常处于失声的状态，这不利于造就桑德森质量模型所指出的"被赋予权利的公民"（empowered citizens）。权重指标可以用来衡量少数民族村镇人民的声音是否被外界所听到，他们的需求是否得到满足。因而，权重指标也是重要的。

权重设置是在整体数据上设置数量比，以不同的目标导向为指导，充分考虑社会背景、经济情况、文化情况等因素。权重是以某种数量形式对比、权衡被评估事物总体中诸因素相对重要程度的量值。在权重设置上，一般使用特尔菲法与排序法。特尔菲法又名专家意见法，即团队成员之间不得互相讨论，不发生横向联系，只与调查人员联系；排序法就是罗列出制定数据项目所有的指标，然后通过两两对比的方法对这些指标按重要性进行排序，排在前面的指标权重大。权重的各项分指标见表5-11和表5-12。

表5-11   评估主体权重

评估主体	权重
民族村镇公民代表	0.5
上级主管部门代表	0.1
专业技术人员	0.2
广告客户	0.1

表 5 – 12   一级指标权重

一级指标	民族村镇公民代表	上级主管部门代表	专业技术人员	广告客户
公共性指标	0.2	0.4	0.1	0.1
公平性指标	0.1	0.2	0.2	0.1
覆盖性指标	0	0	0.2	0
内容指标	0.3	0.1	0.1	0.3
服务质量指标	0.3	0.2	0	0.3
满意度指标	0.1	0.1	0	0.2
收视指标	0	0	0.2	0
经营性指标	0	0	0.2	0

三　民族村镇广播电视公共服务评估的基本程序

民族村镇广播电视公共服务评估的准确性与否直接影响其内容、运维、国家政策发布、文化信息资源共享情况的判断。这种准确性需要有合理的程序加以保障。具体程序如下：

1. 首先需要明确评估指标

其中一级指标与二级指标，各指标之间的权重也需要提前设定。对民族村镇而言，公平性、政策性、服务性指标一般需要加权，以此构建民族村镇广播电视公共服务的评估模型；

2. 构建评估渠道

评估渠道就是与评估对象建立起较为顺畅的沟通，既保证沟通得顺利也要尽量获取准确而真实的数据；

3. 信息的收集与评估

信息收集需要专业性，而调研对象具有多样性，应该有不同结构的成员，即有群众代表、相关专业人士、政府代表，对信息的评估也需要专业团队进行评估与论证；

4. 评估结果的反馈

评估结果一方面需要向广播电视机构及行业反馈，也需要通过大众传播渠道向大众发布，接收大众监督。其反馈报告的周期根据用途确定。一般对机构公布可以季度为周期，而对公众可以年为周期。

以少数民族村寨为基础的广播电视公共服务指标体系的建构，是以对贵州省花溪区石板镇与贵州黔东南苗族自治县丹寨的调查为基础的，具有贵州少数民族广播电视接收与传播的一般特征。普遍性方面，贵州特色的广播电视评估体系，依然要以全国具有一般规律和特点的评估体系作为参照，由广播电视主管部门筹集和调动社会资源、提供产品和服务，来满足社会公众公共信息和文化利益的需求，同时也满足少数民族区域对传播内容的公共需求，追求边远地区民族发展的公共利益，创造与主流文化一致的公共价值。

由此推知，贵州少数民族区域广播电视公共服务绩效评估的宗旨是：

根据民族区域广泛的民族需要，提供有助于民族发展和文化繁荣的公共服务和公共产品；参照少数民族区域的少数民族受众的实际情况，针对少数民族的公共服务和公共产品的满足程度来评估管理绩效，从而确定贵州及其他区域的广播电视公共组织对少数民族区域发展有效或者有帮助的公共责任机制和运行机制。

贵州少数民族区域的广播电视公共服务绩效评估的价值判定标准，是围绕贵州针对少数民族所提供公共服务的有效性展开的。在目前普遍认可的欧美先进国家的广播电视公共服务绩效评估实践中，最初的三大标准即发展性、有效性、促进性，被认为是绩效评估的"新正统学说"，之后，随着"质效优先""接近受众"和"公平服务"等新的管理理念浸入公共部门，服务质量、满意度和公平标准相继被纳入绩效评估的范畴。

目前，全国都在积极构建科学合理的绩效评估体系，以此作为提升广播电视公共服务质量的主要手段。针对贵州少数民族区域发展的迫切现状，本章的质量评估标准和体系，有力地支撑了贵州的精准扶贫、旅游发展及大数据建设等战略，为广播电视如何推进贵州少数民族乡村发展做出了实践意义上的努力。

本章小结

本章的目的是要提出一个评估少数民族村镇广电服务的评估体系。本章前两节先界定了公共服务效果评估及其体系这两个重要概念，继而探讨了民族村镇广播电视公共服务评估的三个意义：便于建构与民族村寨文化传承和经济发展科学量化的广播电视行业公共服务评估观测点；帮助建立（贵州）少数民族村镇广播电视公共服务评估基本指标；有助于及时准确地了解贵州少数民族区域广播电视行业的发展状况。第三节介绍了提出公共服务质量评估体系的理论依据和内容。第四节基于本研究的目的并参考现有研究，提出了一个较为详细的、少数民族村镇广电服务的评估体系。本章按照经济、效率、效益、服务质量、满意度和公平等多维价值判定标准，确定了广播电视公共服务绩效评估指标的八个维度：公共性指标、公平性指标、覆盖率指标、内容指标、服务质量指标、满意度、收视率指标、经营性指标。

本章的讨论显示，少数民族村镇广电服务评估体系与普通的评估体系既有相同的地方，也有不同的地方。通过评估指标的系统化、规范化运作，能尽快建立起有效的评估绩效机制，能促进贵州少数民族地区民族发展和经济进步的广播电视公共服务的供给水平和供给效率。这样可以更好地满足少数民族村镇人民的文化需求，提高他们的生活质量和幸福感。

参考文献

专著

董中锋：《电视与城市圈文化建设研究》，华中师范大学出版社 2012 年版。

洪丽：《公共广播收入模式研究》，中国广播电视出版社 2010 年版。

胡正荣、李继东：《中国广播电视公共服务体系：目标与实践研究》，中国广播电视出版社 2010 年版。

孔泾源：《中国公共服务体制改革》，中国财政经济出版社 2011 年版。

李继东：《英国公共广播政策变迁与问题研究》，中国传媒大学出版社 2007 年版。

李志坚：《中国电视公共服务的传输体系研究》，上海交通大学出版社 2010 年版。

马海涛、姜爱华、程岚等：《中国公共服务均等化问题研究》，经济科学出版社 2011 年版。

南长森：《西北少数民族新闻传播与国家认同研究》，华中师范大学出版社 2014 年版。

石长顺、石婧：《中国广播电视公共服务》，光明日报出版社 2013 年版。

唐月民：《中国电视传媒产业化研究》，新华出版社 2010 年版。

王靖华：《美国"大众传媒——政府"系统运行机制研究》，首都经济贸易大学出版社 2012 年版。

王谦：《城乡公共服务均等化问题研究》，山东人民出版社 2009 年版。

伍彬：《综合考评与绩效管理——杭州的实践和探索》，人民出版社 2012 年版。

谢鼎新：《中国广播电视研究的演进》，合肥工业大学出版社 2014 年版。

徐小青：《中国农村公共服务》，中国发展出版社 2002 年版。

易旭明：《中国电视产业制度变迁与需求均衡研究》，上海交通大学出版社 2013 年版。

张春华：《美国广播电视体制变迁研究——从"公众委托模式"到"市场模式"》，社会科学文献出版社 2014 年版。

赵佳佳：《财政分权与中国基本公共服务供给研究》，东北财经大学出版社 2011 年版。

期刊

陈柏霖、黄京华：《发挥少数民族语言电视频道传播优势 促进民族文化传承——基于西藏藏语卫视受众调查的数据分析》，《电视研究》2016 年第 1 期。

陈全功、李忠斌：《少数民族地区农户持续性贫困探究》，《中国农村观察》2009 年第 5 期。

高福安、陈鹏：《我国农村广播电视覆盖的优化实现——以"村村通"工程为例》，《现代传播》2005 年第 6 期。

《贵州省大数据产业发展简况》，《电力大数据》2017 年第 9 期。

郭志菊、乌力吉：《少数民族地区卫视频道的发展路径——内蒙古卫视在全国覆盖的意义与对策研究》，《新闻论坛》2015 年第 4 期。

李唐娜：《少数民族文化电视节目及中国梦的电视传播——以三大少数民族电视台为例》，《新闻研究导刊》2016 年第 1 期。

刘源：《少数民族语言卫星电视频道初探——以四川康巴藏语卫视为例》，《今传媒》2011 年第 9 期。

任丙超：《试论我国广播电视公共服务评估体系》，《湖南大众传媒职业技术学院学报》2011 年第 6 期。

石长顺、程洪涛：《中国广播电视公共服务体系建构》，《河南社会科学》2010 年第 5 期。

孙燕：《新媒体时代延边朝鲜语广播面临的挑战与对策》，《新媒体研究》2017 年第 10 期。

向勇、俞文益：《公共文化服务绩效评估的模型研究与政策建议》，《现代经济探讨》2008 年第 1 期。

杨莉、钱卫、周涛：《广电全媒体综合监测监管平台安全技术研究》，《广播与电视技术》2014 年第 12 期。

张桂琳：《论我国公共文化服务均等化的基本原则》，《中国政法大学学报》2009 年第 5 期。

《张海涛同志在全国广播电视村村通工作会议上的讲话》，《广播与电视技术》2008 年第 7 期。

张伟：《发展中的广播电视监测业务》，《全国监测网》2003 年第 5 期。

张志营、陈常柏、林智海：《广电供电系统的无线监测与管理》，《电气技术》，2009 年第 9 期。

周然毅：《广电"村村通"建设：历史、现状和未来》，《现代传播》2006 年第 5 期。

朱海波、万戈、杨明、朱景晖：《我国农村广播电视传输覆盖渠道发展研究》，《广播电视信息》2013 年第 1 期。

附录 调查问卷

民族村镇广播电视收视情况及
文化福利调查问卷

您好！

我们是贵州财经大学的学生，来民族村镇进行社会调查。本次调查的目的是了解少数民族地区文化福利的相关情况，广播电视系统对少数民族村镇的服务情况，少数民族村镇文化福利的现状、广播电视收视情况及广播电视对少数民族村镇政治经济、社会文化、思想意识、生活习惯、精神文化需求等方面的影响，以及少数民族村居民对文化方面的需求所在。本次调查，答案无所谓对错，资料仅供计算机统计之用，纯属学术研究，谢谢您的支持！

请在选项的号码上打钩"√"或填上实际内容。

一 主体部分（1）

1. 您家里有收音机吗？

（1）有 （2）没有

2. 您收听过广播吗？

（1）收听过 （2）没有收听过

3. 您收听广播是通过什么方式？

（1）收音机 （2）村里的大喇叭广播

（3）车载收音机 （4）电视机

4. 您家目前使用的电视机有几台？

（1）1 台 （2）2 台 （3）3 台 （4）4 台

5. 您家里电视机信号的接收方式是？

（1）有线网 （2）一般室内/室外天线

（3）碟型卫星天线 （4）其他（请注明）

6. 您家里每月的电视收视费用？

（1）太贵 （2）一般、可以承受

（3）不花钱，免费

7. 请问您平时看电视吗？如果看，一般每天看多长时间？

（1）不看 （2）看多少分钟

8. 您家里的电视机可以接收多少个频道？

（1）很多，具体数量不清楚

（2）几十个，内容丰富

（3）比较少，有些频道看不到

（4）太少，希望能有更多的频道可以收看

9. 您平时主要收看哪些电视节目？（可多选）

（1）新闻专题类 （2）音乐歌舞、戏曲、综艺晚会

（3）体育类 （4）教育类

（5）军事类 （6）影视剧

（7）农业技术类

10. 您更希望在电视中看到哪类节目（可多选）？

（1）少数民族的生活习俗、历史文化

（2）农业科技知识 （3）农村致富信息

（4）电视剧、综艺节目 （5）时事新闻

（6）其他（请说明）

11. 您收看电视的主要目的是？

（1）消遣，打发时间 （2）看新闻、了解时事

（3）学习电视中介绍的知识 （4）没有目的

（5）其他（请说明）

12. 您印象最深的电视台有哪些？

（1）　（2）　（3）　（4）　（5）　（6）

13. 您印象最深的电视节目有哪些？

（1）　（2）　（3）　（4）　（5）　（6）

14. 您看电视是否有固定的收视计划？

（1）没有计划，完全随意　　（2）无所谓

（3）有时根据计划收看

15. 您所在村的文化人员和组织有？（多选）

（1）文化员指导员　　　　　（2）文体干部

（3）电子阅览室管理员　　　（4）书屋管理员

（5）电影放映队　　　　　　（6）文化志愿者

（7）群众业余文体活动队伍　（8）不清楚

（9）没有这类人员和组织

16. 你居住地附近有下列哪些文化设施？（多选）

（1）乡镇文化活动中心　　　（2）有线广播

（3）村级文化室　　　　　　（4）村级文化活动器材

（5）有线电视　　　　　　　（6）农家书屋

（7）电影放映室或电影院　　（8）戏台或戏楼

（9）公共阅览室　　　　　　（10）老年活动室

（11）文化大院　　　　　　　（12）公共博物馆

（13）其他（请注明）＿＿＿＿＿＿＿

您满意这些设施吗？

（1）满意

（2）不满意（您觉得还需要哪些设施呢）＿＿＿＿＿＿＿

17. 您所在地的文化设施运转情况是

（1）经常使用，丰富民众的业余生活

（2）经常使用，但形式单一

（3）经常作商业用途

（4）偶尔作商业用途

（5）没有公共文化设施

（6）不清楚

18. 您所享受的民族文化教育福利有哪些？（多选）

（1）民族考生加分福利　　（2）民族文化教学福利

（3）民族教师津贴　　　　（4）民族语言教学

19. 您平时的精神文化娱乐活动主要有哪些？（多选）

（1）体育锻炼　　　　　　（2）唱歌跳舞

（3）读书看报　　　　　　（4）看电视或者上网

（5）看电影　　　　　　　（6）打牌打麻将

（7）听广播/收音机　　　　（8）看戏

（9）看录像　　　　　　　（10）串门聊天

（11）卡拉 OK/歌舞厅　　　（12）逛市集

（13）观看/参加文化演出

（14）其他（请注明）_____

20. 您喜欢哪种文化娱乐活动？（多选）

（1）自编自导文艺演出　　（2）民间艺术

（3）花会灯会　　　　　　（4）送戏（文艺演出）下乡

（5）送电影下乡　　　　　（6）送图书科普知识下乡

（7）文化工作者下乡服务（培训、写春联、摄影）

（8）劳动技能比赛　　　　（9）民俗旅游

（10）庙会　　　　　　　　（11）其他（请注明）_____

21. 您所在村有没有开展过"双送活动"，即送戏和送电影下乡（单选）

（1）有　　　　　　　　　（2）没有

（3）不清楚　　　　　　　（4）没听说过

22. 您的居住地区有文广站吗？

（1）没有　　　　　　　　（2）有

若有，到文广站需要多少时间？

（1）10 分钟以内　　　　　（2）10—15 分钟

（3）15—30分钟　　　　　　（4）30分钟以上

23. 您认为在公共文化服务体系建设中，应该发挥作用的是（多选）

（1）政府（街道、乡镇）　　　（2）村、社区

（3）居民群众　　　　　　　　（4）民间组织

（5）企业等社会力量

24. 您认为文化福利建设需要做哪些？（多选）

（1）应多开展群众文化活动

（2）加大对公共文化资源的宣传

（3）多设立或改善图书馆、体育馆等公共文化设施

（4）加强文化团队的建设

（5）多发展有本地特色的报刊、广播电视节目、音乐、歌舞、书画等文化产品

（6）改进各场馆的服务质量

（7）加大对文化资源和遗产的保护

（8）引进民营企业等社会力量参与公共文化建设

（9）多组织送文化进社区、进农村活动

（10）其他_____

25. 您对现有的文化娱乐生活满意吗？

（1）十分满意　　　（2）比较满意　　　（3）不太满意

（4）很不满意　　　（5）不清楚

26. 下面是一些陈述句，请根据您本人的实际情况，选出您对下列说法的同意程度。

陈述句	非常同意	同意	说不清楚	不同意	非常不同意
看电视使我知道了很多外界的事情	5	4	3	2	1
看电视可以帮助我学习许多知识	5	4	3	2	1
看电视使我与别人有了谈话的话题	5	4	3	2	1
看电视影响了我与家人的交流时间	5	4	3	2	1
电视里的少数民族节目太少	5	4	3	2	1

续表

陈述句	非常同意	同意	说不清楚	不同意	非常不同意
电视里的农业技术信息太少，满足不了我们的需求	5	4	3	2	1
我的生活离不开电视	5	4	3	2	1
电视带来了全新的生活观念和生活方式，给农村人很大触动	5	4	3	2	1
我购买家里的生活用品会根据电视广告的介绍	5	4	3	2	1
不管电视怎么说，我总相信自己的亲眼所见	5	4	3	2	1

27. 你对广播电视系统提供的服务有什么期望？

28. 对于民族文化的传承，政府的扶持措施有哪些？还需要哪些？（只限非遗传承者填写）

29. 您所在地区对文化方面的需求还有哪些？

30. 您所在的村对于文化建设的投入经费为（只限县、村文体干部填写）

二　背景资料

1. 请问您的年龄？ ＿＿＿＿＿＿＿岁。

2. 性别？

（1）男　　　　　　　　　　（2）女

3. 您的民族

（1）汉族　　　　　　　　　（2）苗族

（3）侗族 　　　　　　　　　（4）其他_____

4. 请问您的家庭是：

（1）三代同堂 　　　　　　　（2）两代之家

5. 请问您的教育程度？（只能选一项）

（1）没有受过正规教育 　　　（2）小学

（3）初中 　　　　　　　　　（4）高中、中专、技校

（5）大专 　　　　　　　　　（6）大学本科及以上

6. 请问您的工作属于哪一种？

（1）种粮食、蔬菜 　　　　　（2）养殖、农产品加工

（3）运输业、建筑业 　　　　（4）旅游服务业

（5）经商批发零售业 　　　　（6）乡村干部、教师

（7）外出打工 　　　　　　　（8）其他（请说明）

7. 请问下列哪一项最能代表您的家庭人均年收入情况？（请单选）

（1）1000 元以下 　　　　　　（2）1000—1500 元

（3）1501—2500 元 　　　　　（4）2501—4000 元

（5）4001—5000 元 　　　　　（6）5001 元以上

8. 请问您家庭收入的主要来源是：

（1）种粮食、蔬菜 　　　　　（2）养殖、农产品加工

（3）运输业、建筑业 　　　　（4）旅游服务业

（5）经商批发零售业 　　　　（6）上班工资收入

（7）外出打工 　　　　　　　（8）其他（请说明）

9. 请问您一年在文娱方面的支出大概有多少？

（1）1000 元以下 　　　　　　（2）1000—1500 元

（3）1501—2500 元 　　　　　（4）2501—4000 元

（5）4001—5000 元 　　　　　（6）5001 元以上

最后，对您的耐心回答表示万分感谢！

后　　记

　　《民族村镇广播电视公共服务体系研究》是教育部人文社科规划项目"民族村镇广播电视公共服务体系研究"（12YJA860003）的研究成果。为项目顺利实施，项目组成员、硕士研究生及本科生先后组织了多次入户深访和问卷调查工作，采集了大量第一手资料和数据，为本项目的研究做了充分的资料准备。

　　在研究过程中，项目主持人负责研究框架的制定、明确研究重点、研究的组织协调、项目结题报告的统稿审定等。项目组成员迟林晨负责民族村镇广电传输渠道服务部分的撰写工作，并带领学生开展了实地调研及问卷的数据统计工作；项目组成员周萍负责民族村镇广电传输内容服务部分的撰写工作；项目组成员白奇峰负责民族村镇广电公共服务效果评估体系的撰写工作。秦福贵老师参与了部分书稿的核对工作。贵州财经大学社会保障专业硕士研究生王广华、魏艳梳理了公共服务的理论文献，分别参与了贵阳花溪区高坡乡、黔东南苗寨侗族自治州丹寨县的实地调研工作。王广华还承担了本书的注释核对、格式调整工作。少数民族经济专业硕士研究生李霞参与了书稿的校对工作。广告学专业李刚同学、传播学专业宋沁奕同学参与了电视传播理论文献的梳理、电视节目传播效果的分析等工作。广告学专业2014届、传播学专业2017届部分同学参与了问卷调研工作。

　　本书的出版得到了教育部人文社科规划项目经费、贵州财经大学学科建设经费的资助。在此一并表示感谢！